TOUTES LES FEMMES MÉRITENT D'ÊTRE RICHES

Un livre pour toutes les femmes qui veulent plus de choses dans leur vie sans dépendre de qui que ce soit

TOUTES LES FEMMES MERITENT D'ETRE RICHES est destiné à toutes celles qui souhaitent mieux vivre avec leur argent et profiter de tout ce qu'il peut leur apporter. Non seulement ce livre vous aidera à **(re)prendre le contrôle de votre argent**, mais vous y découvrirez également qu'à travers des gestes simples et quelques remises en question sur la façon dont vous l'utilisez, il est possible :

- d'**augmenter votre pouvoir d'achat** sans vous priver,
- de vivre la vie que vous souhaitez et de **réaliser vos rêves** ;
- d'**en finir définitivement avec les problèmes d'argent** ;
- d'**avancer sur le chemin de la richesse** sans renier vos valeurs ni oublier ceux que vous aimez ;
- de **placer votre argent à 10% par an**.

TOUTES LES FEMMES MERITENT D'ETRE RICHES propose **des solutions accessibles** à toutes les femmes quels que soient leur salaire et leur situation familiale. Il changera définitivement votre vision de l'argent et vous aidera à mieux l'utiliser pour votre bien-être et votre sécurité.

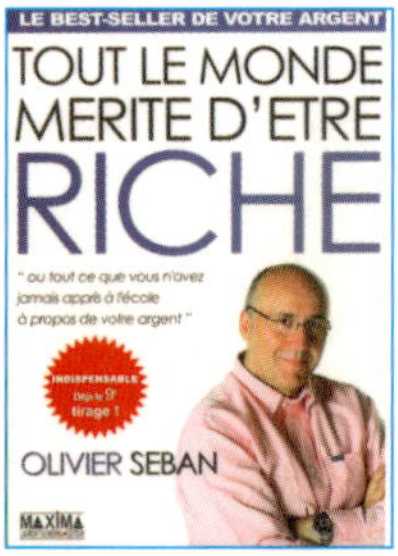

Coach financier, créateur d'entreprise à 23 ans et millionnaire à 32, **Olivier Seban** anime différentes conférences et séminaires sur le thème de l'indépendance financière pour tous. Son livre *Tout le monde mérite d'être riche*, vendu dans plus de 20 pays, est un best-seller unanimement reconnu pour sa pédagogie et son efficacité. Il a fait l'objet de plusieurs émissions TV et radio (TF1, France 2, France 3, Direct 8, RTL, Europe 1, RSR, etc.).

9 782840 015079

Photo de la couverture : O. Seban.
ISBN : 9782840015079

OLIVIER SEBAN

TOUTES LES FEMMES MERITENT D'ETRE RICHES

"Pour en finir définitivement avec les problèmes d'argent et continuer à se faire plaisir"

MAXIMA
LAURENT DU MESNIL • EDITEUR

Créateur d'entreprise à 23 ans et millionnaire à 32, **Olivier Seban** partage son temps entre la gestion de son patrimoine (immobilier, bourse...) et l'animation de conférences et de séminaires au cours desquels il partage son expérience financière et explique les techniques et les stratégies mais surtout les attitudes qui permettent de prospérer dans un monde économique en constante évolution.

Auteur de plusieurs ouvrages de référence sur la bourse, il doit aujourd'hui sa notoriété grandissante à ses talents de pédagogue et à la démonstration qu'il a faite que chacun d'entre nous peut accéder à la réussite financière et économique et que celle-ci n'est pas réservée à un petit groupe d'initiés. L'auteur peut être contacté à partir de son site internet : http://www.toutlemondemeritedetreriche.com

Du même auteur chez le même éditeur

- *Tout le monde mérite d'être riche, ou tout ce que vous n'avez jamais appris à l'école à propos de votre argent* (9e tirage !)
- *Techniques et stratégies de Day Trading et de Swing Trading* (2e édition)

Infos/nouveautés/catalogue : **www.maxima.fr**

MAXIMA
LAURENT DU MESNIL • EDITEUR

192, bd Saint-Germain, 75007 Paris
Tél. : + 33 1 44 39 74 00 – Fax : + 33 1 45 48 46 88

ISBN : 978 284001 507 9

SOMMAIRE

INTRODUCTION

Toutes les femmes méritent d'être riches. En tout cas autant que les hommes. Derrière cette petite phrase, quelque peu racoleuse, se cache une réalité économique à laquelle les femmes sont quotidiennement confrontées. Car malgré les progrès sociaux et leur lutte pour gagner leur place au sein d'une société organisée par les hommes, d'une manière générale les femmes sont encore aujourd'hui plus « pauvres » que les hommes.

Même si les perspectives qui s'offrent à elles n'ont jamais été aussi grandes ; même si les femmes d'aujourd'hui travaillent autant que les hommes et jouent à égalité dans tous les domaines professionnels, au niveau personnel elles restent économiquement défavorisées et sont toujours les premières à pâtir des accidents de la vie.

Les raisons de ce constat sont à la fois liées à la complexité des rapports que nous entretenons avec l'argent ainsi qu'au rôle auquel les femmes ont été cantonnées depuis la préhistoire, lorsque les hommes partaient à la chasse pour nourrir la famille pendant qu'elles s'occupaient des enfants.

Nous savons tous que les femmes ne fonctionnent pas comme les hommes. Leurs comportements vis-à-vis de l'argent n'échappent pas à la règle, renforcés par tous les clichés et les caricatures associés : avares, vénales ou dépensières. Ces qualificatifs, péjoratifs et souvent infondés, ne faisant que renforcer leur mise à l'écart dès qu'elles cherchent à gagner plus d'argent pour améliorer leur vie et leur quotidien, ou lorsqu'elles veulent échapper à la dépendance d'un homme.

L'argent ne serait-il qu'une histoire de mecs ? Seuls les hommes auraient le droit de s'enrichir ? Sans être démagogique, à l'évidence la réponse est non. Quel que soit notre sexe nous avons tous droit à la sécurité, au bonheur et de satisfaire des besoins aussi primaires et vitaux que manger ou se loger. Mais il est également évident que les préoccupations des femmes diffèrent profondément des considérations masculines, ce qui les amène à regarder l'argent sous d'autres angles.

Après le succès de *Tout le monde mérite d'être riche* (éditions Maxima) et des formations que j'ai animées sur le thème de l'argent, les réactions de femmes furent nombreuses et certaines bouleversantes. Il est vite apparu qu'elles se sentaient véritablement concernées et motivées par le sujet, mais que mon premier livre ne répondait pas entièrement aux situations qu'elles rencontraient au cours de leur vie. Voici donc le livre qui s'adresse aux femmes qui méritent d'être riches, qui veulent mieux vivre avec leur argent pour en profiter et en faire bénéficier leurs proches.

Objectifs du livre

Quel que soit votre âge ou votre situation personnelle et professionnelle, le premier objectif de ce livre est de vous permettre de décider de votre avenir, donc de votre vie, en vous aidant à mieux utiliser votre argent. Ainsi vous découvrirez qu'en appliquant des règles simples vous pourrez (re)prendre le contrôle de votre argent pour vous enrichir et subir moins de contraintes dans votre quotidien.

Le second objectif est de vous convaincre de l'intérêt d'acquérir une éducation financière adaptée à une société essentiellement fondée sur l'économie, tout en vous montrant que votre argent peut vous apporter beaucoup plus que vous ne pourriez le penser. Cet objectif peut vous paraître ambitieux ou prétentieux mais les réalités s'imposent et les femmes n'y échappent pas. Bien au contraire. Car en cas de coup dur économique (chômage, accident) ou personnel (divorce, séparation, décès) les femmes sont souvent les premières victimes et plus durement touchées que les hommes.

Madame, Mademoiselle, que vous ayez 20, 30 ou 50 ans, que vous soyez célibataire, mariée, veuve ou divorcée, que vous soyez femme d'affaires ou mère au foyer, quelle que soit votre nationalité ou votre couleur de peau, soyez assurée que vous pouvez (re)prendre le contrôle de votre argent et, par voie de conséquence, celui de votre autonomie et de votre liberté financière, afin de vivre la vie que vous souhaitez.

Dans un premier temps vous devrez prendre conscience de vos possibilités en découvrant ce que vous pouvez faire de votre argent. Pour y parvenir, il vous suffira d'adopter les bons comportements dictés par une éducation financière de base accessible à chacune d'entre vous. Ensuite, vous devrez prendre la décision de faire quelque chose pour vous en choisissant de changer de vie pour construire un autre avenir.

Dès que vous aurez pris conscience de ce que votre argent peut vous apporter, la motivation s'installera et s'entretiendra d'elle-même à la vue de ce que vous aurez accompli. Car contrairement à ce que beaucoup pensent, pour vous enrichir vous n'aurez pas besoin de gagner au loto, ni d'épouser l'homme parfait dont rêve votre mère. Vous devez seulement avoir la volonté de changer les choses.

Pour partir du bon pied il vous faudra balayer quelques idées reçues sur l'argent et la richesse, et tordre le cou aux stéréotypes régulièrement évoqués sur les femmes et l'argent. Bien sûr ce livre ne fera pas de vous une milliardaire, mais il peut vous apprendre à devenir « riche » (encore faut-il savoir ce que ce mot veut dire réellement) et surtout vous aider à assurer votre avenir pour éviter de vous angoisser inutilement sur ce que le futur ne vous réserve pas (nous avons plus souvent tendance à envisagr le pire plutôt que le meilleur, surtout lorsque l'on ne fait rien pour que les bonnes choses arrivent).

Les conseils de ce livre sont aussi simples qu'efficaces. La plupart relève du bon sens et d'une éducation financière simple qui permet de mieux vivre avec son argent dans un monde régulé par l'économie. Que vous les appliquiez tous ou seulement quelques-uns, dans tous les cas vous améliorerez votre situation financière et votre sécurité.

Mais avant, il faut que vous soyez persuadée que tout ce qui est décrit dans ce livre est accessible à toutes celles qui voudront s'en donner la peine. Vous découvrirez ainsi que quelques connaissances en matière d'argent combinées à quelques actions précises peuvent vous mener très loin. Le plus étonnant c'est que certaines d'entre vous découvriront que c'est beaucoup plus facile qu'elles ne l'imaginaient. Si c'est votre cas, je vous demande de ne pas tomber dans le piège de l'évidence et de la simplicité qui conduit souvent à ne rien faire parce que tout semble trop facile pour que cela fonctionne réellement.

Ce n'est pas seulement une histoire d'argent, c'est l'histoire de votre vie

La première partie du livre vous aidera, si besoin est, à (r)établir une relation positive avec votre argent. Il y sera question des enjeux psychologiques, émotionnels et économiques liés à son utilisation. Car même si avoir un compte en banque à six ou sept chiffres suffit pour être riche, au sens comptable du terme, c'est loin d'être suffisant pour être heureuse ou se libérer de certaines angoisses. Ainsi il est véritablement impossible, voire inutile, d'aborder l'aspect technique de l'enrichissement sans une réflexion sincère et personnelle sur les relations que vous entretenez avec votre argent, et sans définir ce que vous en attendez réellement. Il faut que vous soyez persuadée que vous ne pourrez jamais vous enrichir durablement si vous ne donnez pas un sens à votre argent, donc à votre vie.

Les femmes et l'argent

Notre comportement vis-à-vis de notre argent dépend pour beaucoup de ce que nous avons observé dans notre entourage, de l'éducation reçue de nos parents et surtout de ce que l'on nous a mis dans la tête.

Si, dans votre jeunesse, vos parents n'ont jamais cessé de vous répéter « marie-toi, trouve-toi un bon mari (sous-entendu, qui gagne bien sa vie), fais des enfants et sois une bonne mère », vous avez plus de chances de vous retrouver mère au foyer économiquement dépendante de votre mari.

En revanche, si le message était « marie-toi, fais des enfants, sois heureuse et ne compte que sur toi-même pour ton avenir », obligatoirement vous aurez développé des comportements adaptés à vos croyances et adopté une gestion de votre argent en adéquation avec vos besoins et vos objectifs.

Mais le poids des messages et la quête d'indépendance peuvent se révéler difficiles à porter et vous faire dévier de vos objectifs de liberté. Ainsi, la fragilité des relations entre hommes et femmes (augmentation du nombre de divorces et du nombre de familles mono parentales) impose aux femmes d'acquérir une autonomie financière afin d'être capable de subvenir à leurs besoins en cas de problème. En parallèle, la famille et le regard de la société leurs demandent de ne rien sacrifier à leur rôle social d'épouse et de mère.

Les contraintes de cette triple vie (travailleuse, mère et épouse) et l'orientation naturelle des femmes à penser d'abord aux autres avant elles-mêmes, les conduisent à privilégier leurs responsabilités familiales et sociales au détriment de leur carrière. Laissant logiquement aux hommes la charge d'assurer le financement du quotidien et la sécurité de la famille, tout en créant un état de dépendance financière avec toutes les conséquences, éventuelles, que l'on peut imaginer.

Les émotions que procure l'argent, comme la peur ou la frustration, ont leur importance. Elles déterminent la façon dont vous serez capables d'utiliser votre argent pour mieux vivre et prospérer. Plus elles seront présentes, plus il vous sera difficile d'adopter des comportements rationnels au moment où vous devrez agir. Ainsi, plus vous aurez de mal à gagner votre argent, plus vous aurez peur de l'investir pour votre avenir et plus vous vous cantonnerez à une gestion quotidienne plus rassurante de par son côté routinier, mais incapable de créer la moindre richesse.

De même, la frustration de ne pas pouvoir vous offrir tout ce qui vous fait envie peut vous pousser à privilégier le plaisir à court terme en dépensant l'argent que vous n'avez pas (découvert ou crédit à la consommation) au détriment de votre sécurité. Dans les deux cas, ces comportements se révéleront des freins puissants à votre développement et auront des répercussions sur votre vie.

Quelques réalités

En tant que femme, il y a plusieurs réalités que vous devez prendre en compte et auxquelles vous ne pouvez échapper.

1re réalité : Liberté, Fraternité, Égalité (surtout pour les hommes)

Bien sûr la femme est l'égale de l'homme. Mais il y a « égal » et « égale ». Et même si, à force de lutte et d'acharnement, les femmes remettent petit à petit les pendules à l'heure en accédant aux mêmes responsabilités économiques et politiques, il n'en reste pas moins vrai qu'elles doivent batailler plus durement, souvent pour gagner moins. Et lorsque l'on sait qu'à qualification et compétences égales une femme gagne en moyenne 25 % de moins qu'un homme et que 85 % des familles monoparentales sont assumées par des femmes, on comprend aisément les craintes qu'elles peuvent ressentir face aux aléas d'une vie professionnelle ou sentimentale.

La maternité et les responsabilités familiales ont aussi un impact important en obligeant les femmes à interrompre leur carrière. Impact renforcé par le fait que les emplois à temps partiel sont plus souvent occupés par les femmes. Autant d'éléments qui concourent à ce que les femmes travaillent moins longtemps, obtenant ainsi moins d'augmentations et cotisant moins pour leur retraite.

Le calcul est vite fait et la conséquence inévitable : au moment de la retraite les femmes toucheront significativement moins que les hommes, renforçant un possible état de dépendance vis-à-vis de leurs proches : conjoint ou enfants. C'est d'autant plus paradoxal lorsque l'on sait que les femmes vivent en moyenne plus longtemps que les hommes. Impliquant un besoin d'argent plus important sous peine de vivre plus pauvre, plus longtemps.

2e réalité : gagner plus d'argent ne garantira jamais que vous pourrez vous enrichir

Le mythe le plus répandu à propos des finances personnelles consiste à croire que le premier facteur qui limite l'enrichissement est le montant de nos revenus. Ainsi, si vous demandez à un panel de femmes ce qui pourrait améliorer leur avenir financier, la grande majorité vous répondra : « gagner plus d'argent ».

Au premier abord, il est difficile de contredire cette affirmation, et il est assez logique de penser que gagner plus d'argent vous aidera à vous enrichir. Pourtant c'est à la fois vrai et faux.

Pour que cette affirmation soit validée, il faut que vous destiniez vos augmentations à la construction de votre autonomie et de votre sécurité financières. Or, c'est rarement le cas. Par nature, lorsque nous gagnons plus nous avons tendance à dépenser plus en adaptant automatiquement le niveau de nos dépenses à celui de nos revenus. Sans pour autant penser davantage au lendemain. Remontez quelques années plus tôt lorsque votre salaire était moindre. Avez-vous utilisé une partie de vos augmentations pour sécuriser votre avenir, ou avez-vous simplement dépensé plus en profitant de l'aubaine ?

Je vais vous dire maintenant pourquoi il est faux de croire que pour s'enrichir il faut plus d'argent. Je pense sincèrement que la plupart des femmes qui déclarent que leur incapacité à prospérer est uniquement liée au fait qu'elles ne gagnent pas assez font fausse route. Dans la plupart des cas, c'est surtout un problème de comportement et d'éducation vis-à-vis de leur argent.

La plupart des gens qui pensent que pour s'enrichir il faut gagner plus, font fausse route.

Certaines d'entre vous auront du mal à me croire et j'entends déjà leurs objections : *« Vous ne pouvez pas dire cela. C'est moi qui paye mes factures et je sais parfaitement ce qu'il me reste en fin de mois »*. C'est possible. Mais comprenez que je ne suis pas en train de vous dire que vous ne faites pas face à un défi, et il est évident que moins vous gagnez plus vous aurez d'efforts à fournir. Mais je suis prêt à parier que si nous jetons un coup d'œil aux rapports que vous entretenez avec votre argent, nous trouverons que le problème ne provient pas uniquement de la taille de vos revenus mais également de la façon dont vous gérez et surtout dont vous dépensez votre argent.

Regardez le tableau n°1. Il fait apparaître qu'une femme qui gagne seulement 1 000 € par mois verra passer entre ses mains pas moins de 480 000 € sur une vie de travail.

Revenu Mensuel	10 ans	20 ans	30 ans	40 ans
1 000 €	120 000	240 000	360 000	480 000
1 500 €	180 000	360 000	540 000	720 000
2 000 €	240 000	480 000	720 000	960 000
2 500 €	300 000	600 000	900 000	1 200 000
3 000 €	360 000	720 000	1 080 000	1 440 000

Tableau n° 1 : calcul sans augmentation de la somme d'argent qui vous passera entre les mains en 40 ans.

Imaginez maintenant que vous soyez deux à travailler dans votre couple et que vous gagniez chacun 1 500 €. Soit 20 % de moins que le salaire moyen. En 40 ans vous allez gagner pas moins de 1,44 millions d'euros. Et si nous incluons des augmentations de 2,5 % par an, nous obtenons la somme de **2 487 154 €** !

2 487 154 €

C'est en moyenne la somme que gagnera un couple durant sa vie active.

Comme toutes les personnes ou les familles qui disposent d'un revenu (salaire, pension, allocation ou autre), une véritable fortune passe entre vos mains. Et ces chiffres ne sont rien d'autre que le reflet exact de la réalité.

Une autre façon de voir les choses : en 40 ans vous allez travailler près de 70 000 heures. Arrivée à la retraite, si vous n'avez rien gardé pour vous, c'est que vous aurez passé votre vie à travailler juste pour donner votre argent aux autres, puisque un centime qui sort de votre poche tombe obligatoirement dans celle d'un autre. N'aurez-vous pas l'impression d'avoir loupé quelque chose à ce moment ?

Il faut que vous compreniez que souvent le problème ne vient pas de nos revenus mais de la façon dont nous utilisons et dépensons notre argent. Nous aurons l'occasion d'en reparler, mais pour le moment je vous demande de me faire confiance et de croire que dans l'immense majorité des cas, le fait que vous soyez incapable de vous enrichir et/ou d'assurer votre avenir financier dépend essentiellement de ce que vous dépensez et de vos comportements. Pas de ce que vous gagnez.

Vous me direz que c'est plus facile à écrire qu'à faire et que la vie coûte toujours plus chère. Peut-être, mais il y a deux choses que vous devez savoir et admettre dès maintenant. Ce sont les 3e et 4e réalités.

3e réalité : votre argent ne sait rien faire d'autre que ce que vous lui direz de faire

Votre argent ne fera et ne saura **jamais** rien faire d'autre que ce que vous lui direz de faire. C'est une vérité absolue et incontournable qui régit vos relations avec votre argent. Dites-lui « achète-moi des chaussures » et vous aurez vos chaussures. Dites-lui « assure mon avenir » et il vous aidera à mieux vivre en vous mettant en sécurité. Comme votre revenu est fixe et limité par le temps que vous consacrez à le gagner, tout dépendra des choix que vous ferez pour votre argent. Donc pour vous-même.

Votre argent ne sait rien faire d'autre que ce que vous lui direz de faire !

Vous devez être consciente que vous ne pourrez jamais tout acheter et que le problème du pouvoir d'achat n'est pas uniquement lié à l'augmentation des prix. Celle-ci étant compensée en partie par les augmentations de salaire. Vous devez également prendre en compte le phénomène du « vouloir d'achat » imposé par notre société de consommation, où le superflu et l'inutile remplacent l'essentiel et l'indispensable, et nous poussent à acheter toujours plus de choses sans qu'elles soient toujours nécessaires à notre bien-être. C'est le comportement typique des surendettées qui vivent en fonction de leurs désirs éphémères alors que les personnes, qui prospèrent, dépensent d'abord leur argent pour leurs besoins sans oublier de se faire plaisir.

Cette réalité vous oblige à définir précisément vos priorités afin d'atteindre vos objectifs. Dans le cas contraire vous perdrez du temps et ne ferez rien qui puisse servir votre cause. Ensuite, il vous restera à adopter les comportements adaptés à votre situation et à la réalité de vos revenus. C'est la clé de la réussite financière.

Vous ne pourrez jamais réussir si vous n'adoptez pas les bons comportements. C'est la clé de la réussite.

Nous vivons dans une société providentielle où tout est dû et peu de choses sont méritées. En adoptant cette position, nous sommes amenés à compter d'abord sur les autres. Et si nous n'obtenons pas d'eux ce que nous considérons comme « normal » nous nous plaignons et leur attribuons les raisons de nos échecs. De plus, si vous vous reposez sur les autres vous deviendrez et resterez dépendante de leur bon vouloir, de leurs compétences et de leur éthique. Cette remarque est valable pour chacun d'entre nous et concerne surtout celui qui subvient à vos besoins : votre employeur, votre mari, vos parents ou l'État.

Maintenant, inversez le raisonnement en considérant que tout se mérite et que rien n'est dû. Que se passera-t-il ? Inévitablement vous modifierez vos comportements pour obtenir ce que vous souhaitez ou estimez mériter. Vous épargnerez et ferez fructifier votre argent pour acheter ce dont vous avez besoin et vous faire plaisir, au lieu de recourir aux crédits à la consommation qui ne font que ponctionner votre argent pour des choses dont vous n'avez pas toujours vraiment besoin.

C'est aussi simple que cela. Modifiez vos comportements et vous obtiendrez plus facilement ce que vous avez toujours désiré. Restez en attente des autres et vous renforcerez votre dépendance en n'obtenant uniquement ce que les autres veulent ou peuvent vous donner.

4e réalité : la plupart des gens ne savent pas où est leur argent

Ce que vous savez de votre argent et ce que vous devriez en savoir déterminent ce que vous pouvez en faire et votre capacité à prospérer. Pour l'exploiter correctement vous devez savoir où se trouve votre argent et comment il est employé.

Chacun d'entre nous devrait avoir une petite idée sur la façon dont son argent est utilisé, mais j'ai souvent eu l'occasion de constater que la grande majorité des gens en savaient beaucoup moins qu'ils ne le pensaient. Vous en doutez ? Alors répondez à ce petit questionnaire et voyons ce que vous savez de votre argent et comment vous vous comportez lorsque vous l'utilisez. La plupart de ces questions concernent la vie de tous les jours :

« Au restaurant, vérifiez-vous que vous payez uniquement ce que vous avez commandé ? »

Êtes-vous sûre que vous payez uniquement ce que vous avez consommé ou réglez-vous l'addition sans la regarder, simplement parce qu'on vous la présente ? Le but ici n'est pas de savoir si le restaurateur, ou toute autre personne qui vous demande de l'argent, cherche à vous escroquer mais de vous montrer qu'il est important de porter de l'attention à son argent et de ne pas le donner en échange de… RIEN !

« Si vous avez déjà fait un crédit, avez-vous lu (et compris) votre contrat de prêt ? »

Je suis d'accord avec vous pour dire que la lecture de ces documents n'a rien de passionnant. Mais si vous signez un contrat qui vous engage pour quelques dizaines (ou centaines) de milliers d'euros sans le lire, c'est que vous faites une confiance aveugle envers celui qui vous tend le contrat. En oubliant qu'il l'a souvent rédigé à son avantage. Pas au vôtre. La plupart des gens ne lisent leurs contrats que le jour où ils ont un problème pour voir comment ils sont impliqués et pour découvrir les conséquences de leur signature.

« Savez-vous combien vous toucherez exactement à votre retraite ? »

Lorsque vous recevez un salaire vous ne touchez jamais le montant inscrit en haut de la feuille : le salaire brut. Celui-ci est minoré de différents montants dont une partie est destinée à payer les retraites. Dont la vôtre le jour venu. Ce prélèvement n'est rien d'autre qu'un placement organisé par le gouvernement. Donc si vous ne savez pas à quoi vous avez droit, c'est que vous ne savez pas où est votre argent ni comment il est investi, même si vous n'avez pas de contrôle sur ce dernier point.

Il est également très important de répondre à cette question pour déterminer ce que vous devez faire afin d'assurer votre avenir en privilégiant certains placements qui compenseront l'inévitable baisse de revenus constatée au moment de la retraite.

> **Information** : saviez-vous qu'une ouvrière âgée aujourd'hui de 30 ans touchera 63 % de son dernier salaire ? Une employée percevra 59 %, un cadre 43 % et un cadre supérieur 39 %. Voir vidéo sur le site à l'adresse suivante :
> www.toutlemondemeritedetreriche.com/envoi_infos/tlf.htm

« Savez-vous combien vous dépensez chaque mois pour les différents postes de la vie courante (alimentation, logement, téléphone, loisirs, etc.) ? »

Si vous ne savez pas combien vous dépensez vous ne saurez jamais si vous dépensez trop ni évaluer l'utilité réelle de vos dépenses. Il y a quelques mois j'ai eu l'occasion de conseiller une famille pour la gestion de ses finances. Même sans crédits inutiles les parents avaient du mal à boucler leurs fins de mois, mais en catégorisant et en analysant leurs dépenses nous avons découvert qu'ils déboursaient chaque mois plus de 400 € pour un téléphone fixe, trois téléphones portables, deux (?) abonnements Internet et plus de 50 chaînes de télévision. Soit 13 % de leurs revenus mensuels. En rééquilibrant leurs dépenses, ils ont pu facilement investir chaque mois plus de 200 € et consacrer le reste à leurs loisirs.

Si vous avez répondu OUI à chacune des questions précédentes alors bravo. Il est fort probable que vous fassiez partie des 10 % de femmes qui font réellement attention à leur argent et à la façon dont elles l'utilisent. Si vous n'avez pas pu répondre par l'affirmative, ne vous inquiétez pas pour autant, la prochaine fois il vous suffira juste de vous poser un peu plus de questions au moment où vous mettrez la main à la poche ou que vous signerez n'importe quel papier qui vous engage.

5e réalité : vous roulez aujourd'hui dans une voiture qui coûte le prix de l'appartement de vos parents

Le problème n°1 de nos économies modernes est l'inflation qui provoque une hausse constante du coût de la vie. Même si le taux officiel de ces dernières années n'est que de 2 %, elle est inégalement répartie en fonction du type de produits. Mais sa progression est inexorable. C'est la raison pour laquelle vous conduisez aujourd'hui une voiture qui vaut le prix de l'appartement que vos parents ont ou auraient pu acheter il y a 30 ans ou 40 ans !

Tant que vos revenus progressent à la même vitesse (ou plus rapidement) que l'inflation, celle-ci n'a aucun impact sur votre quotidien. En revanche, si vos revenus arrêtent d'évoluer ou si vous n'avez plus la possibilité de les faire progresser, vous en ressentirez automatiquement les effets.

C'est le problème des retraités. À moins de reprendre un travail, ceux-ci ne peuvent plus bénéficier d'augmentations autres que celles décidées par le gouvernement. Dans le meilleur des cas cette revalorisation sera égale à l'inflation officielle, mais ce n'est pas toujours le cas.

Pour résoudre ce problème, vous êtes obligée d'investir votre argent. Ce qui nous amène à notre 6e réalité.

6e réalité : vous ne pourrez jamais vous enrichir avec votre salaire

Mesdames, vous avez un énorme avantage : vous êtes capables d'épargner mieux et plus que les hommes. Mais ces efforts se révéleront inutiles si vous n'investissez pas cette épargne.

La seule façon de vous enrichir, et d'assurer votre avenir, c'est d'investir votre argent. Constatez par vous-même : nous avons vu que si vous gagnez 1 500 € par mois, sans aucune augmentation, sur 40 ans vous verrez passer 720 000 € sur votre compte en banque. Si vous prélevez 10 % sur votre salaire chaque mois vous aurez sur votre compte en banque 72 000 €. Et si vous placez cet argent à 5 %, au terme de la même période votre compte affichera la somme de 228 312 €.

Bien que beaucoup de femmes se contenteraient de ce pactole, imaginez maintenant que vous placiez cette épargne à 8 % (je vous montrerai comment faire), votre fortune s'élèvera à 503 606 €. Pour finir, si vous épargnez 16 % de votre salaire, soit le pourcentage moyen d'épargne des Français, votre compte en banque affichera 805 769 €. Soit **85 000 € DE PLUS QUE LA TOTALITÉ DES SALAIRES ENCAISSÉS DURANT TOUTE VOTRE VIE !** Simplement en investissant une petite partie de votre argent.

La conclusion de cette démonstration est simple et sans appel : si vous voulez prospérer et assurer votre avenir, vous devez impérativement investir votre argent et ne pas vous arrêter à la simple épargne.

7e réalité : les histoires d'amour finissent mal en général

Votre avenir financier et votre liberté financière dépendent uniquement de ce que vous ferez aujourd'hui de votre argent. Si vous ne faites rien vous serez toujours dépendante de vos revenus ou des personnes qui les remplaceront. En d'autres termes, être dépendante de quelqu'un, y compris l'État, penser qu'il s'occupera toujours de vous et que vous n'avez pas à vous soucier de ce que l'on appelle l'argent, est une très grave erreur. Pire encore sera votre avenir si vous pensez ou écoutez ceux qui vous disent « trouve-toi un mari qui gagne correctement sa vie et tout ira bien pour toi ».

Vous pensez que cette phrase fait partie d'un autre âge ? Je le pensais aussi, jusqu'au jour où j'ai vu l'un de mes meilleurs amis se rassurer avec cette éventualité en constatant les médiocres résultats scolaires de sa fille. Un autre exemple : invités à dîner chez des amis, j'ai entendu la maîtresse de maison dire à ma fille : « Jolie comme tu es, tu n'as pas besoin de t'en faire pour ton avenir ». Faut-il comprendre que les moins avantagées sont condamnées à travailler ?

L'une des plus grandes erreurs que puisse faire une femme est de se reposer sur un homme (mari ou père) et de penser que tout ira toujours pour le mieux dans le meilleur des mondes. Je ne saurais vous dire le nombre de femmes qui sont venues me demander conseils parce qu'elles avaient fait aveuglément confiance à leur mari en plaçant leur sécurité financière entre ses mains. Je ne dis pas que ces derniers ont profité de la situation, ni qu'ils ont sciemment essayé de les manipuler en les cantonnant dans un rôle de mère déresponsabilisée des contraintes et considérations matérielles, je dis seulement qu'il y a des évidences et des réalités dont vous devez tenir compte.

Nous voulons tous croire que nous pouvons compter sur nos conjoints. Malheureusement, la vie et les statistiques racontent une histoire très différente : un mariage sur deux se terminera par un divorce qui entraînera des bouleversements et des changements de vie radicaux. Et même si elles reçoivent une pension, en partie compensatrice pour elle-même et leurs enfants, la réalité montre que les femmes verront leur pouvoir d'achat baisser significativement après une séparation. Alors que celui des hommes remontera plus rapidement dès qu'ils auront retrouvé une partenaire. La femme ayant plus de mal à trouver un nouveau compagnon avec des enfants à charge.

Malgré la réalité des chiffres, beaucoup de femmes pensent que ces cas sont exceptionnels et qu'elles ne seront jamais concernées. Simplement parce que leur prince charmant ne se transformera jamais en crapaud, et qu'il ne leur voudra jamais de mal. Je suis persuadé qu'il y a dans votre entourage une femme divorcée. Demandez-lui ce qu'elle en pense, après vous vous ferez une idée (donnez-moi encore deux pages et j'arrête de vous parler de malheurs).

Le divorce ne représente que la moitié de la problématique, car même si vous avez la chance d'avoir trouvé le conjoint parfait avec qui vous finirez vos jours, ce ne sera jamais une garantie d'un avenir serein. Simplement parce que votre partenaire peut tomber gravement malade et qu'il finira par disparaître tôt ou tard.

Il est évident que personne n'aime réfléchir à ce genre de choses, encore moins en parler. Mais il est terrible de voir combien d'hommes bien intentionnés, aimant sincèrement leur femme et leur famille, refusent d'envisager l'inévitable. Mettant ainsi plus ou moins directement votre avenir en danger.

Comme nous avons du mal à envisager cette déplaisante réalité, nous ne sommes pas toujours préparés à l'inévitable. C'est aussi pour cette raison que beaucoup de femmes, qui perdent leur mari, sont généralement très affectées par cette double peine : émotionnelle et économique.

Rendez-vous à cette évidence : vous ne pouvez pas compter aveuglément sur l'homme de votre vie. Non parce qu'il a de mauvaises intentions à votre égard, mais simplement parce que certains événements peuvent arriver (divorce, accident) et que d'autres sont inévitables (décès).

Je vous concède que ces derniers paragraphes offrent une vision assez déprimante des réalités de notre vie. Ils montrent que ce sont nos attentes, nos comportements, notre fainéantisse, nos peurs, nos croyances et certaines idées reçues sur l'argent qui nous empêchent de les affronter ou de prendre les bonnes décisions.

D'expérience je sais que sans une réelle prise de conscience et sans motivation vous n'agirez pas. Personne, à part vous, ne peut prendre en charge votre avenir financier. Pas votre mari, pas votre employeur, ni l'État ou vos enfants. La construction de votre avenir vous appartient et représente la clé de votre liberté de vivre et de penser.

À partir de maintenant c'est promis, fini les scénarios catastrophes. Les éventualités que je viens d'évoquer ne sont que des éventualités, et ne vous concernent pas. Du moins c'est à vous de le décider et/ou de faire en sorte que les choses se passent comme vous le souhaitez.

Les bonnes nouvelles

Durant leur enfance, filles et garçons ne reçoivent pas les mêmes messages sur l'argent. Les garçons étant physiologiquement débarrassés des considérations maternelles, leur premier rôle sera d'apprendre à gagner de l'argent pour nourrir leur famille. Mais l'argent n'en devient pas pour autant une histoire de mecs.

L'expérience des *Grameen's Ladies* menée au Bengladesh est parlant. Muhammed Yunnus, prix Nobel d'économie 2006, concepteur du microcrédit et fondateur de la Grameen Bank ne s'y est pas trompé. Lorsqu'il inventa le principe du microcrédit son objectif était de prêter de l'argent aux pauvres. Mais il avait également en tête l'idée d'impliquer les femmes à part égale avec les hommes.

Son intuition était bonne. Avec quelques dollars empruntés la grande majorité des femmes sont parvenues à créer leur petit commerce et générer suffisamment de profits pour nourrir leur famille et éduquer leurs enfants. L'expérience montra également qu'en matière d'argent les femmes sont aussi efficaces que les hommes et même meilleures lorsqu'il s'agit de la famille et de sa sécurité. Simplement parce qu'elles n'ont pas les mêmes priorités ni les mêmes valeurs.

Parce qu'elles sont plus prudentes, plus patientes et plus constantes, les femmes agissent de manière plus déterminée pour la cause qu'elles poursuivent. Les hommes réussissent aussi bien que les femmes en termes de business mais, parce qu'ils sont plus joueurs, ils prennent davantage de risques et n'utilisent pas leurs profits de la même façon. Leur impulsivité les rendant souvent plus enclins à dévier de leurs objectifs.

L'expérience des *Grammen's Ladies* ne s'arrêta pas au simple prêt. Celui-ci était accompagné d'une éducation financière simple et indispensable à une meilleure utilisation de l'argent gagné. Le but final étant de concilier le remboursement du crédit et d'assurer le bien-être et la prospérité de la famille (vous avez déjà vu votre banquier vous prodiguer des conseils lorsqu'il vous octroie un prêt à la consommation ?).

Votre première richesse : votre éducation financière

Première bonne nouvelle : vous pouvez apprendre à devenir riche. C'est d'une simplicité enfantine. Et lorsque vous aurez découvert ce que vous pouvez obtenir de votre argent, vous comprendrez vite qu'être « pauvre » n'est pas une fatalité mais un état d'esprit, conséquence d'un manque d'éducation, de conscience et de motivation.

Témoignage : « Je lis et je prends des baffes à toutes les pages. Ma sœur appliquait déjà ces principes depuis longtemps : avec trois gamins, sans travailler et un mari au smic elle a accumulé 30 000 € en 20 ans. Je comprends mieux, maintenant qu'elle travaille à son compte, pourquoi elle a beaucoup d'argent et du talent. » (Anne M. (Suisse), lectrice de Tout le monde mérite d'être riche)

Soyez intimement persuadée que vous êtes capable d'acquérir les connaissances nécessaires pour avoir plus de votre argent et que ce n'est en rien lié à votre niveau d'intelligence. Vous devrez juste apprendre à utiliser votre argent et découvrir comment les riches s'en servent pour prospérer. Ce sera votre première richesse. Ensuite vous devrez agir.

À cet égard les femmes ont un avantage indéniable car elles ont plus de facilité à reconnaître qu'elles sont ignorantes d'un sujet et plus disposées à apprendre, à demander de l'aide ou poser des questions pour acquérir les connaissances nécessaires. Alors que les hommes, plus crâneurs et machos, rechigneront à demander conseils de peur de passer pour des ignorants.

N'ayez aucun complexe d'infériorité. Je vous promets que lorsque vous aurez fini ce livre vous en saurez autant et même plus que beaucoup d'hommes (y compris votre banquier dans certains cas). Comprenez aussi que la finalité n'est pas d'entrer en compétition avec les hommes mais de faire en sorte que votre argent vous profite réellement.

C'est quoi « riche » pour vous ?

Votre avenir financier ne se calcule pas seulement en chiffres mais aussi et surtout en termes de valeurs. Pour donner un sens à sa richesse, il faut aussi donner un sens à sa vie, afin d'avoir une vie riche plutôt qu'être riche. Donc, avant toute chose, il faut que vous découvriez ce que l'argent signifie réellement pour vous et pourquoi vous voulez avancer sur le chemin de la richesse. De ce point de départ vous pourrez fixer des objectifs concrets et réalistes et prendre les bonnes décisions pour vous et votre argent.

Ainsi vous devez d'abord décider de quoi vous voulez être riche. Voulez-vous être riche d'argent pour agrandir votre garde-robe et passer vos journées à dévaliser les boutiques ? Voulez-vous être riche de bonheur et aider les autres, ou encore voulez-vous être riche « de sécurité » pour ne plus avoir à vous poser de questions sur votre avenir ?

Votre argent peut vous apporter cette richesse, mais vous devez d'abord répondre à cette question. Car l'argent n'est pas une fin en soi mais un outil qui permet d'atteindre ses buts. Cette étape est fondamentale pour que vous puissiez décider de ce que sera votre avenir et ce que vous ferez de votre argent afin qu'il soit en accord avec vos valeurs personnelles. Dans le cas contraire il y a peu de chances que vous trouviez votre bonheur.

Lorsque vous aurez découvert ce qui est réellement important pour vous, vous arrêterez de gaspiller votre argent, votre temps et votre énergie pour des choses qui n'en valent pas toujours la peine. C'est le premier pas vers la richesse et la tranquillité d'esprit. Savoir pourquoi on fait les choses et les faire en accord avec soi-même c'est mettre toutes les chances de son côté, car si vous ne savez pas où vous voulez aller vous avez peu de chance d'y arriver.

Pour vous aider à préciser vos objectifs, il y a deux questions auxquelles vous devez répondre. La première concerne votre comportement et l'utilisation que vous faites de votre argent : « Considérez-vous que votre comportement correspond vraiment à vos valeurs et ce à quoi vous aspirez ? ».

Les stéréotypes imposés par notre éducation, les médias et la société de consommation nous conditionnent à « paraître » plus qu'à « être ». Le souci du paraître peut coûter très cher sur le plan financier, mais aussi en termes d'épanouissement personnel et d'estime de soi. Souvent parce que le paraître pousse à dépenser plus que nous ne le devrions. Voire à nous endetter juste pour avoir la dernière montre, voiture, téléphone, sac, paire de chaussures, souvent pour ressembler aux autres et appartenir à un clan.

Je vais reformuler ma question : qu'est ce qui est le plus important pour vous ? Votre sécurité et votre avenir financier, ou vos paires de chaussures ? Qu'allez-vous faire passer en priorité ? Est-ce vraiment grave si vous avez mis deux fois la même robe ce mois-ci ?

Le but de cette question est de vous provoquer et de mettre en évidence que votre argent doit d'abord être utilisé pour atteindre vos objectifs avant de le dépenser pour ce qui n'est pas vital ou nécessaire. Ainsi, si votre priorité est de payer les études de vos enfants mais que votre argent sert uniquement à remplir vos placards, il est fort probable que vous n'avez pas encore fait de lien direct entre la cause et les conséquences.

La seconde question concerne les valeurs que vous associez à l'argent. Celles-ci étant le reflet de votre personnalité et du mode de vie auquel vous aspirez. Si vous souhaitez devenir riche c'est que souvent vous avez un but, un rêve de liberté, de sérénité ou de partage. Ainsi, lorsque l'on pose la question à une assemblée de femmes, les réponses les plus fréquemment obtenues sont :

L'indépendance

La sécurité

Se faire plaisir

Ces aspirations et leurs réalisations nous ramènent directement aux considérations matérielles en rapport avec ces objectifs.

L'indépendance : rembourser mes crédits. Ne rendre de compte à personne et être libre de dépenser ce que je veux. Ne pas dépendre de qui que ce soit.

Sécurité : acheter une maison. Payer les études de mes enfants. M'occuper de mes parents. Ne pas me poser de questions pour mon avenir.

Se faire plaisir : voyager. Partager. Donner.

Maintenant c'est à vous de dire ce que vous voulez pour vous et ce à quoi vous aspirez. Peut-être que vos rêves sont différents de ceux qui sont le plus souvent cités. Toujours est-il qu'il est important de commencer à les matérialiser en les mettant sur le papier. Tant que vous ne le ferez pas ils resteront dans un coin de votre cerveau sous la forme d'une image, d'une chanson ou d'une odeur. Donc dans un premier temps je vous demande de définir vos principaux objectifs et de les écrire dans le tableau ci-dessous :

Je veux être RICHE pour :

1/ ______________________________

2/ ______________________________

3/ ______________________________

Maintenant, répondez à la question la plus importante de ce livre : que faites vous pour y arriver ? S'il vous plaît, prenez le temps qu'il faut pour répondre à cette question et ne tournez pas la page tant que vous n'y aurez pas répondu. Je vous le dis sans aucune prétention : votre avenir financier et les satisfactions que vous amènera votre argent dépendent réellement de la réponse sincère que vous apporterez à cette question.

Je répète la question : que faites-vous pour atteindre ou vous rapprocher de vos objectifs et/ou de vos rêves de richesse ?

Ce que je fais pour y arriver :

____

____

____

____

Si vous ne savez pas répondre à cette question ne vous inquiétez pas, c'est presque normal et vous êtes loin d'être la seule (c'est peut-être aussi pour cette raison que vous avez acheté ce livre). Pour vous rendre compte de ce que (ne) font (pas) les gens pour améliorer leurs finances, donc leur vie, il vous suffit de poser la même question à vos ami(e)s et d'écouter leurs réponses.

Si elles sont incapables d'y répondre clairement c'est peut-être qu'elles n'ont pas d'objectifs. En réalité c'est rarement le cas. Le plus souvent c'est parce qu'elles ne savent pas les formuler, qu'elles ne savent pas vraiment ce qu'elles veulent, ou encore que leurs finances sont dans un tel état qu'elles n'espèrent rien de leur argent.

Ce que vous trouverez dans ce livre

Pour finir et vous aider à atteindre vos objectifs, je vous propose de découvrir comment vous pourrez :

- gagner plus d'argent,
- récupérer du pouvoir d'achat en continuant à vous faire plaisir,
- investir votre argent pour qu'il vous rapporte deux à trois fois plus que les livrets d'épargne classiques,
- assurer votre avenir financier pour en finir définitivement avec les problèmes de fin de mois,
- prendre les meilleures décisions financières pour vous et vos proches.

Pour éviter de susciter des espoirs inutiles, il faut aussi que vous sachiez ce que vous ne trouverez pas dans ce livre. À savoir :

- un prince charmant qui s'occupera de vos problèmes d'argent,
- les chiffres du loto,
- une formule magique pour devenir millionnaire en deux semaines.

Lisez ce livre jusqu'au bout et je vous promets que vous ne vous poserez plus aucune question sur vous-même, votre argent, votre sécurité et votre avenir. Donnez-vous deux heures pour lire ce livre et vous saurez exactement ce que vous devrez faire de votre argent pour le restant de vos jours.

Précision : tous les calculs présentés dans ce livre ont été réalisés sur la base du salaire moyen, soit 1 800 € par mois. Pour les adapter à votre situation, il vous suffira de réajuster la somme en fonction de ce que vous gagnez, seule ou en couple. Le but final est de démontrer qu'un salaire « normal » peut vous donner accès à la liberté financière et que les seules choses dont vous aurez besoin sont une éducation financière de base ainsi qu'une remise en question de certaines habitudes fortement ancrées dans vos comportements.

Dans les pages qui vont suivre vous découvrirez différentes histoires et témoignages de femmes qui ont changé leur vie en utilisant mieux leur argent. J'espère qu'ils vous inspireront et surtout qu'ils vous montreront qu'il est toujours possible d'obtenir plus de choses de sa vie et de son argent.

Afin de rendre la lecture plus vivante j'ai structuré ce livre sous la forme d'un dialogue qui est un résumé des différentes conversations que j'ai eu l'occasion d'avoir avec des femmes soucieuses d'améliorer leur vie et celles de leurs proches. Vous trouverez également différents documents complémentaires que vous pourrez télécharger sur mon site internet à l'adresse suivante : www.toutlemondemeritedetreriche.com/envoi_infos/tlf.htm

Pour finir je tiens à remercier ici toutes les femmes qui ont bien voulu m'aider à écrire cet ouvrage et plus particulièrement Sylvie, Séverine, Tine et Valérie, auteure de « Quand les femmes s'éveilleront. Albin Michel ».

Prête ?

Chapitre 1
LES 2 SECRETS DE LA PROSPÉRITÉ

Bonjour Mesdames. Pour commencer je voudrais vous poser une question. Avez-vous une idée de la façon dont vous pourriez prospérer et vous enrichir ?

(En riant) « En épousant un millionnaire. »

Ne me dites pas que vous êtes encore dans ce type de clichés. Aujourd'hui, toutes les femmes savent qu'elles devront subvenir à leurs besoins, et si c'est la seule chose que vous attendez de votre prince charmant, je doute que la relation dure très longtemps.

« En gagnant au loto. »

Avec 1 chance sur 76 millions de gagner à l'Euromillion, les probabilités sont minces de gagner le gros lot. Toujours est-il que si vous ne tentez pas votre chance vous ne risquez pas de gagner.

« En devenant célèbre. »

La célébrité n'est pas un gage de richesse. Certains écrivains ou chanteurs éphémères sont plus riches de gloire que d'argent. Sans compter que tout ce que l'on vous « vend » dans les médias n'est qu'un rêve très éloigné de la richesse que chacun d'entre nous peut atteindre. Je dirais même que la débauche de richesses étalées dans les médias à longueur de journée a plutôt un effet négatif et ne favorise en rien les comportements qui permettent d'atteindre la liberté financière.

Pour prospérer et grandir, la première chose que vous devez faire c'est changer vos références et croire en vous-même sans vous laisser influencer par tout ce que l'on vous raconte à la télévision. Dans le cas contraire vous vivrez toujours dans un rêve qui deviendra un peu plus frustrant chaque jour lorsque vous constaterez que vous ne pouvez pas l'atteindre. Mais surtout vous ne ferez rien en espérant que la chance daigne jeter un œil sur vous.

Pour vous enrichir, et progresser sur la voie de la prospérité, vous devez faire comme celles et ceux qui ont réussi à le faire avant vous. Je ne parle pas des, soit disant, millionnaires de la TV. Je parle des femmes et des hommes ordinaires que vous croisez tous les jours et qui ont décidé qu'ils voulaient un peu plus de la vie. Ils font partie de votre famille ou de votre entourage. Certains sont vos collègues de bureau ou fréquentent la même salle de sport que vous. Ce sont les vrais modèles.

Pour le moment, la seule richesse en laquelle vous devez croire est la sécurité et l'avenir que vous pouvez créer pour vous et vos proches, en sachant que si vous utilisez correctement votre argent vous pourrez facilement créer quelques centaines de milliers d'euros. C'est la seule vérité que vous devrez prendre en compte.

« Mais pour générer une telle somme il faut soit déjà avoir de l'argent ou placer son argent pour qu'il rapporte au moins 10 % par an. Sinon c'est impossible. Si vous dites le contraire, vous faites comme la télévision : vous vendez du rêve et des placements qui n'existent pas. Si je prends mon cas, mon banquier me propose au mieux 4 %. Il dit que le reste n'est pas pour moi. »

Si vous me donnez quelques minutes vous allez vite découvrir que pour vous enrichir les seules choses dont vous aurez besoin sont avant tout de la bonne volonté et une bonne utilisation de votre argent. Maintenant qu'est-ce que veut dire votre banquier quand il dit « Ce n'est pas pour vous » ?

« Il dit que pour avoir 10 % par an il faut acheter des actions en bourse. Qu'il n'y a rien de sûr. Que c'est très risqué et que l'on peut perdre beaucoup d'argent. »

Si vous laissez les autres décider de ce qui est bien ou mal pour vous, sans le vérifier, vous laissez votre destin entre leurs mains en vous privant de ce que votre argent peut vous rapporter. Dans ce cas votre avenir financier dépendra uniquement de leurs compétences, du temps et de l'énergie qu'ils voudront bien vous consacrer. Il faut également savoir que la plupart des personnes qui ont l'étiquette de banquier en connaissent rarement plus que vous sur l'argent. Ils ont les compétences pour vous vendre des produits financiers, vous ouvrir un compte machin-truc, mais ne savent pas grand-chose sur la façon dont il pourrait faire fructifier leur propre argent, ni même quelles actions ils doivent acheter pour faire grossir leur capital. D'ailleurs, si un jour votre banquier vous recommande d'acheter les actions de telle ou telle entreprise, demandez-lui s'il le fait déjà pour lui-même ou s'il a reçu des consignes de sa direction. De cette façon vous aurez une idée de la confiance qu'il place dans ses propres conseils.

Témoignage : « Bravo ! En tant que banquier je ne peux que vous féliciter pour votre ouvrage. Votre bouquin est de "l'or en barre" et devrait être enseigné à l'école et surtout a de nombreux banquiers. Merci. » (Philippe G., lecteur de T*out le monde mérite d'être riche*)

« Vous voulez dire que mon banquier ne sait pas comment faire fructifier son argent ? »

La dernière fois que vous avez eu affaire avec votre banquier, avez-vous eu l'impression qu'il était plus riche que vous ? Un banquier est une personne comme vous et moi qui a les mêmes contraintes de vie et qui en connaît à peine plus que vous sur la façon de faire fructifier son argent. La seule raison pour laquelle on pense d'abord à lui lorsque l'on a besoin de conseils financiers, c'est parce qu'il représente l'institution qui stocke notre argent. Mais rarement celle qui vous dit ce que vous devez faire pour vous enrichir.

1er secret : apprenez ce que vous ne savez pas

Je vais vous donner le premier secret de l'enrichissement en reformulant ma question de départ : savez-vous ce que vous devez faire pour vous enrichir ?

« Non. Sinon je le ferais déjà. »

Aussi étonnant que cela puisse paraître, répondre « non » implique que vous connaissez déjà la réponse.

« !!?? »

Vous reconnaissez vous-même que vous ne vous enrichissez pas parce que vous ne savez pas ce que vous devez faire. La solution est donc très simple : apprenez ce que vous ne savez pas ! C'est le véritable secret. Pour vous enrichir vous devez juste savoir quoi faire pour y arriver.

La bonne nouvelle, c'est que toutes les femmes peuvent apprendre à s'enrichir. Vous n'aurez pas besoin de vous teindre en blonde, d'être plus belle ou plus intelligente que les autres. Il faut juste que vous appreniez comment fonctionne votre argent et que vous l'utilisiez pour qu'il apporte plus de choses à votre vie. C'est le secret des riches : ils s'enrichissent parce qu'ils en savent plus que les autres sur l'argent.

Les riches s'enrichissent parce qu'ils en savent plus que les autres sur l'argent. Donc apprenez !

« Il faut donc déjà avoir de l'argent ! »

Non. Le secret de la richesse n'a rien à voir avec votre compte en banque ou ce que vous gagnez. C'est une information que vous stockerez à tout jamais dans votre tête. Et tout ce que détient votre cerveau n'est pas lié à la taille de votre compte en banque. C'est pour cette raison que vous pouvez détenir le secret de l'enrichissement, le mettre en œuvre et le transmettre à vos enfants, même si vous ne gagnez que 1 000 € par mois.

Si vous voulez vous enrichir vous devez juste apprendre ce que les riches savent de l'argent et appliquer les mêmes recettes. Par conséquent, le premier investissement que vous devez faire, s'appelle : **VOUS**. Vous devez investir sur vous-même et surtout dans votre formation et votre savoir. Car comment voulez-vous arriver à quelque chose si vous ne savez pas ce que vous devez faire ?

« C'est trop facile votre histoire. Si c'était aussi simple tout le monde serait déjà riche. »

Ce qui m'a souvent étonné et fasciné chez les gens, c'est que la plupart pensent que plus c'est évident, ou facile, moins c'est efficace et qu'il faut obligatoirement souffrir pour arriver au résultat escompté. Mais il est vrai que savoir quoi faire ne sera jamais une garantie que vous le ferez.

Les raisons sont multiples et relèvent souvent de barrières psychologiques, de croyances que nous nous imposons, ou encore de l'influence des personnes de notre entourage qui essayent de nous décourager dans notre entreprise. Souvent parce qu'elles pensent (pour vous) que c'est impossible, ou parce qu'elles n'ont pas la volonté de faire quelque chose pour elles-mêmes. Au final elles font tout pour vous transmettre leurs propres peurs, et essayent de vous dissuader pour ne pas avoir à être jalouses de votre réussite et se retrouver confrontées à leur manque de volonté et aux échecs qui en découlent.

Je vous promets que pour vous enrichir vous n'aurez pas à souffrir, que c'est plus facile que de perdre du poids et que cela apportera beaucoup de bonnes choses dans votre vie. Mais pour y arriver il faut que vous appreniez ce que vous ne savez pas et que vous changiez vos habitudes. C'est le 2e secret de la réussite.

Ce qui nous empêche d'avancer, vient de ce que nous ne savons pas.

2e secret : vous êtes ce que vous faites

Qu'elles soient alimentaires, amoureuses ou financières, nos habitudes conditionnent notre vie. Elles créent notre réalité et déterminent ce que nous avons été, ce que nous sommes devenus et ce que nous deviendrons. Cette remarque est valable pour tous les aspects de notre vie et prend encore plus d'importance lorsqu'il s'agit de sa qualité. Ainsi, nos bonnes habitudes sont responsables de notre réussite et d'une partie de notre bonheur, alors que les mauvaises sont à la source de nos problèmes et de nos frustrations.

Deuxième bonne nouvelle : vous pouvez acquérir n'importe quelle bonne habitude. Il suffit de la pratiquer ! Et si vous n'avez pas les bonnes habitudes, il vous suffira de les découvrir, de les comprendre et de les adopter pour écrire le scénario de votre vie et obtenir ce que vous voulez de votre argent. Et si ce scénario ne vous convient pas, vous n'aurez qu'à adopter de nouvelles habitudes pour écrire un nouveau scénario.

« L'habitude est une pratique si souvent répétée qu'au final elle devient l'homme lui-même. » (Evenus)

Il faut reconnaître que les bonnes habitudes sont plus difficiles à prendre mais beaucoup plus faciles à vivre, aussi bien matériellement que psychologiquement, car elles sont constructives et apportent réellement quelque chose à notre vie.

A contrario les mauvaises habitudes sont plus faciles à installer, parce qu'elles font appel à notre laxisme ou notre manque de volonté. Au final elles se révèlent destructrices et difficiles à vivre. Ainsi, si vous n'avez jamais pris l'habitude de mettre un sou de côté, vous subirez les conséquences du moindre imprévu. Ce qui génèrera des contraintes et des désagréments pour vous-même et les personnes qui dépendent de votre bonne santé financière.

En revanche, si vous avez pris l'habitude d'épargner systématiquement un peu d'argent chaque mois et que vous êtes confrontée à une difficulté passagère, inévitablement celle-ci aura moins d'impacts négatifs sur votre vie.

Que vous adoptiez les bonnes ou les mauvaises habitudes, celles-ci auront une influence sur votre vie et vos comportements. Changez vos habitudes et vous changerez votre vie. Adoptez les bonnes habitudes pour votre argent et vous atteindrez la liberté financière plus rapidement que vous ne le pensez. Développez des habitudes qui permettent d'obtenir 100 000 € et vous aurez vos 100 000 €. Développez des habitudes qui ne produisent rien et vous n'aurez rien. C'est aussi simple que cela.

Découvrons maintenant la principale habitude que vous devez adopter. Elle vous permettra de vous débarrasser de tous vos problèmes d'argent et de construire les bases de votre patrimoine.

Chapitre 2

VOUS NE POURREZ JAMAIS TOUT ACHETER MAIS VOUS POUVEZ AVOIR BEAUCOUP PLUS

Voici le chapitre le plus important de ce livre. Si vous ne deviez en lire ou n'en retenir qu'un seul c'est celui-ci. Inspirez-vous des conseils et des recommandations qu'il recèle et je vous promets que vous n'aurez plus jamais aucun problème d'argent.

Notre compte en banque est une boîte de chocolats

J'ai encore une question pour vous : avez-vous une idée de la façon dont vous pourriez utiliser votre argent pour assurer votre avenir ?

« *J'essayerai de placer mon argent pour qu'il me rapporte un peu plus que la Caisse d'Épargne.* »

A priori vous avez déjà une idée sur la question. Mais lorsque vous dites *« j'essayerai de placer »* est-ce que je dois comprendre que vous ne le faites pas ? Et si c'est le cas, pourquoi ?

« *D'une part, je n'ai pas le temps de m'en occuper. D'autre part je n'ai pas d'argent disponible à placer.* »

Pourtant, vous avez un salaire !

« Oui mais je ne gagne pas assez pour investir. »

C'est-à-dire ?

« *Je travaille depuis 10 ans et je n'ai jamais eu d'argent à placer. Si aujourd'hui j'avais une augmentation de 200 € je pourrais l'investir. Mais pour le moment tout part dans le quotidien.* »

Mais sur les 10 dernières années, vous avez déjà eu des augmentations.

« *Oui.* »

Qu'en avez-vous fait ?

« *Je les ai dépensées comme le reste.* »

Pourtant vous venez de me dire que si vous aviez une augmentation, vous auriez la possibilité d'investir !

« *Oui, mais lorsque l'on obtient un bonus on a envie de se faire plaisir. Et puis le quotidien coûte toujours plus cher. Je dois subvenir aux besoins des enfants, payer l'appartement, l'alimentation, les transports, les vacances, etc.* »

Si je comprends bien vous travaillez toute l'année, vous faites de votre mieux pour obtenir des augmentations, juste pour payer (d'abord) les factures des autres avant de penser à vous-même ? C'est-à-dire que vous payez en premier votre logement, votre essence, votre téléphone, vos courses, sans jamais rien garder pour vous ! Ne croyez-vous pas, si vos augmentations n'ont jamais réussi à vous enrichir, que le problème est ailleurs ?

Croyez-moi gagner plus d'argent, et même beaucoup d'argent, n'est pas et ne sera jamais une garantie que vous serez capable de vous enrichir ou d'assurer votre avenir. Essentiellement parce que nous avons tendance à tout dépenser et même quelquefois plus que ce que nous gagnons.

Le problème ne vient pas de ce que vous gagnez, mais du fait que plus gagnons plus nous avons tendance à dépenser.

Notre compte en banque est comme une boîte de chocolats. Tant qu'il en reste un seul nous puisons dedans pour nous arrêter seulement lorsque la boîte est vide. Est-ce que la taille a un rapport direct avec le fait que la boîte se videra ? Non. En tout cas pas tant que nous ne sommes pas à la limite de l'indigestion (demande quand même à être vérifié pour certaines ☺…). Auriez-vous dégradé votre vie ou auriez-vous eu moins de plaisirs en laissant quelques chocolats dans la boîte ?

Prenez l'exemple de Florent Pagny. Celui-ci avait reconnu, lors d'une émission de télévision, que dans les années 80 (bien avant ses problèmes fiscaux) il lui était arrivé de dormir dans sa voiture parce qu'il avait dilapidé tout l'argent de ses premiers succès. Pourquoi et comment en était-il arrivé là ? Il n'y a qu'une seule raison : il ne portait aucune attention à son argent et dépensait plus qu'il ne gagnait. Et vous n'avez pas besoin d'être célèbre et de gagner des millions pour que cela vous arrive.

Hormis quelques cas spécifiques, la plupart des gens ruinés sont ou ont été accros à la dépense. Soit par l'intermédiaire d'un petit bout de plastique que l'on nomme carte de crédit, soit parce qu'ils ont cédé aux sirènes de la société de (sur)consommation. Pour arriver à quoi ? Pour dépenser toujours plus et paraître plus riches qu'ils ne le sont vraiment !

La raison principale pour laquelle la plupart des gens échouent financièrement ne vient pas de leurs revenus ou de leur (manque de) célébrité, mais de leurs mauvaises habitudes de consommation et d'utilisation de leur argent. Même si c'est évident pour tout le monde, y compris pour celles qui ont des problèmes d'argent, cela n'empêchera pas certaines de continuer à creuser le trou dans lequel elles sont déjà enfoncées jusqu'au cou en faisant des crédits pour rembourser... leurs anciens crédits (très fréquent chez les surendettés).

Ne cherchez pas ailleurs. Ne cherchez pas de formule magique. La raison pour laquelle les gens ne s'enrichissent pas, et ne créent aucune sécurité pour l'avenir, c'est qu'ils dépensent tout ce qu'ils gagnent. Et si vous dépensez plus que vous ne gagnez vous aurez toujours des dettes et serez stressée dès le 15 du mois, ce qui vous rendra malheureuse, anxieuse, éventuellement pauvre et ruinée.

Bien sûr la perspective de ne pas pouvoir tout se payer est très frustrante, mais si vous ne pouvez pas dépenser votre argent tranquillement sans mettre en danger votre sécurité financière ou sans vous poser de questions, c'est que vous n'avez pas cet argent.

« Je suppose que vous avez la solution... »

Que vous soyez une artiste renommée ou Madame tout le monde, la clé de votre indépendance et de votre sécurité financière tient en quatre mots :

PAYEZ-VOUS EN PREMIER

« Que voulez-vous dire par se payer en premier ? »

Se payer en premier signifie que vous devez penser d'abord à vous avant de penser aux autres. Votre argent, durement gagné, doit avant tout vous profiter et assurer votre sécurité et celle de vos proches. Pas celles des autres.

Dans les faits, chaque mois au moment de toucher votre paye, **vous devrez prendre votre part avant de penser à payer n'importe quoi ou n'importe qui d'autre**.

« Honnêtement, je me moque que les autres profitent de mon argent. Tant que je peux payer mes factures et me faire plaisir, je ne vois pas pourquoi je me

priverai. D'autant plus que j'essaye d'épargner depuis longtemps et que je n'ai jamais réussi à m'enrichir. »

Bien que je comprenne parfaitement votre point de vue, se payer en premier n'implique pas que vous deviez vous priver, et vous verrez que c'est plus facile que vous ne le pensez. Mais avant laissez-moi vous poser une question : est-ce que vous pensez sincèrement que ceux qui auront encaissé votre argent viendront vous soutenir ou vous aider si vous rencontrez un problème ?

Bonheur et argent

Malgré tous les maux qu'on lui attribue, votre argent crée un avenir pour vous et vos proches. Il vous met à l'abri des coups durs, il aide vos parents pour leurs vieux jours, il paye les études de vos enfants et amène du confort dans votre vie de tous les jours. C'est votre première forme de richesse et en vous payant en premier vous vous donnez la possibilité d'avoir un avenir meilleur et une certaine forme d'accès au bonheur.

**Votre argent vous donne la liberté d'avoir des choix.
Gaspillez-le et vos choix disparaîtront.**

« Là, vous dérapez. L'argent n'a rien à voir avec le bonheur. Le bonheur est uniquement lié à tout ce que l'on ne peut pas acheter comme la santé, l'amour, le respect. Dire que l'argent fait le bonheur c'est dire que tout peut-être acheté ».

C'est vrai. Toutes ces choses sont essentielles à une vie heureuse, entière et équilibrée mais elles sont avant tout déterminées par ce que vous êtes, et non par ce que vous possédez. Et si l'utilisation de votre argent n'est pas en rapport avec votre aspiration au bonheur vous pourrez avoir tout l'argent du monde et être la plus malheureuse des femmes.

Le bonheur dont je veux parler est en relation avec votre qualité de vie et votre capacité à en profiter. Et je défie quiconque de démontrer que ces éléments ne sont pas des facteurs de développement de votre bonheur global.

Soyez également persuadée que moins vous aurez d'argent, moins vous pourrez aider ou vous occuper des êtres qui vous sont chers. Laissez-moi vous donner un exemple : je suppose que la santé de ceux que vous aimez est primordiale à vos yeux. Expliquez-moi maintenant ce qui arriverait si l'un de vos enfants se retrouvait handicapé du jour au lendemain. Ne voudriez-vous pas pour lui le meilleur que puisse vous procurer votre argent ?

Dire que l'argent ne fait pas le bonheur est un alibi pour ne rien faire ou une excuse pour celles qui ont perdu leurs rêves de bonheur. Mais je suis également d'accord pour dire qu'il n'est pas la clé unique qui permet d'y accéder.

Dans tous les cas si vous êtes d'accord pour dire que l'argent aide à créer et entretenir le bonheur alors pourquoi ne pas provoquer l'étincelle qui vous aidera à être plus heureuse et apportera un peu plus de sérénité dans la maison ?

« D'accord mais se payer en premier implique d'avoir un salaire. Si je prends le cas de ma sœur, elle élève ses enfants et c'est son mari qui travaille. Elle ne peut donc pas se payer en premier. »

Pouvoir se payer en premier n'est pas directement lié à la personne qui gagne l'argent du ménage, mais à la façon dont l'argent de la famille est dépensé. Ainsi, en tant que femme au foyer 65 à 80 % du revenu de son mari passera entre ses mains pour les dépenses du quotidien. Ce qui lui laissera beaucoup d'occasions d'exercer ses nouveaux talents.

Je vais vous donner une autre raison très terre à terre pour laquelle vous devez faire en sorte que la famille se paye en premier : si vous avez choisi d'être mère au foyer, ou si votre mari en a manifesté le souhait, inévitablement vous êtes financièrement dépendante. Dans ce cas vous avez deux fois plus d'intérêts à développer du patrimoine qui se transformera en sécurité. Car si vous étiez amenée à vous séparer il y aura toujours quelque chose à partager au moment du divorce. Et la moitié de 50, 100 ou 300 000 € vaudra toujours plus que la totalité 0 € !

En cas de séparation la moitié de 100 000 € vaudra toujours plus que 100 % de 0 €.

Revenons à vos économies : vous affirmez épargner depuis plusieurs années mais que cela n'avait rien changé à votre compte en banque. Pouvez-vous nous dire de quelle façon vous avez procédé.

« *Comme je l'expliquais, je paye toutes les factures du quotidien et en fin de mois je mets de côté s'il me reste quelque chose.* »

Combien de fois par an ?

« *Environ deux à trois fois dans l'année je mets 200 € de côté. Mais je les reprends dès que j'en ai besoin.* »

Et vous trouvez normal de travailler toute l'année pour tout donner aux autres ? Car c'est ce qui se passe s'il reste rien pour vous. Supposons maintenant que vous avez prélevé systématiquement 200 € sur votre paye. Combien auriez-vous aujourd'hui ?

« *C'est facile à calculer. Sur les 10 dernières années j'aurais accumulé 24 000 €.* »

En réalité, vous auriez beaucoup plus. Entre 35 801 € et 48 922 € en fonction de la façon dont vous auriez placé cet argent (respectivement 5 % et 10 %). C'est ce que nous verrons plus tard. Pour le moment vous devez simplement retenir que si vous ne vous payez pas en premier vous ne pourrez jamais créer de richesse, et s'il ne vous reste rien en fin de mois c'est que vous avez trouvé quelque chose de plus important à faire que de penser à votre avenir.

> « S'il ne vous reste rien en fin de mois et que vous avez tout dépensé c'est que vous avez trouvé autre chose de plus important à faire que de penser à votre avenir et celui de vos proches. » (Patrick L.)

En d'autres termes, si vous payez d'abord vos factures : loyer, essence, supermarché, plaisirs, etc., et que par miracle il vous reste quelque chose, alors peut-être que vous penserez à vous. C'est ce que j'appelle « Se payer en dernier » ou plus sarcastiquement : « je laisse les autres profiter d'abord de mon argent, et moi… peut-être un jour s'il reste quelque chose ».

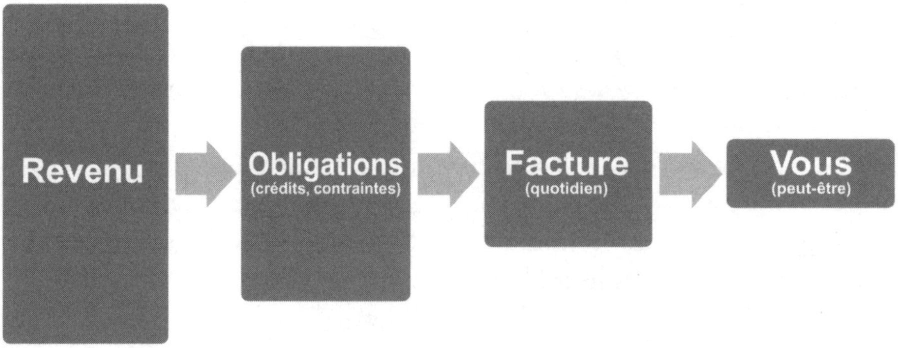

Schéma 1 :
Trajet de votre argent lorsque vous vous payez en dernier

Si vous pratiquez ce système (schéma 1) ne soyez pas étonnée de ne jamais avoir d'argent en banque. C'est aussi l'une des raisons pour laquelle beaucoup de personnes sont obligées de se priver dès qu'un imprévu intervient dans leur vie.

Pour commencer à créer de la richesse, vous devez juste savoir ce que vous voulez vraiment pour vous. Si vous pensez que les autres sont plus méritants, alors payez-vous en dernier. Si vous pensez que vous méritez de profiter de votre argent alors payez-vous en premier en inversant le processus et en décidant de faire d'abord quelque chose pour vous.

En matière d'argent vous avez ce que vous méritez. Si vous pensez que les autres méritent plus que vous, donnez-leur votre argent.

Le schéma n° 2 montre le bon chemin que doit prendre votre argent. Si vous vous mettez en première position, inévitablement vous devenez prioritaire et avez plus d'argent disponible pour vous servir et définir le montant de votre 2e paye.

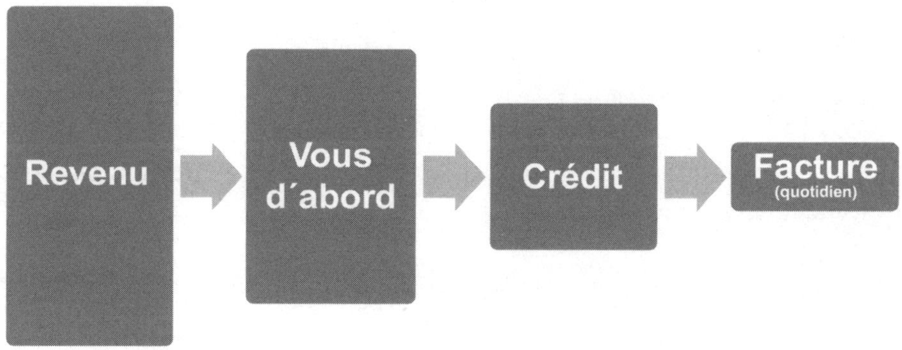

Schéma 2 :
Trajet de votre argent lorsque vous vous payez en premier

« À hauteur de combien recommandez-vous de se payer en premier ? »

Tout dépend de vos ambitions et de vos objectifs, mais d'une manière générale il est assez facile de se payer au minimum 10 % de son salaire.

« Olivier, nous ne vivons pas dans le même monde. Il est difficile de ne pas être d'accord avec vous et je trouve cette philosophie excellente. Mais il m'est réellement impossible de me payer à hauteur de 10 %. Vous ne connaissez rien de ma vie. Chaque début de mois je paye mes factures et je sais ce qu'il me reste. À moins que vous ne m'expliquiez comment gagner plus, je ne vois vraiment pas comment je pourrais dépenser moins pour mettre 10 % de côté. »

Intellectuellement, se payer en premier est un concept que la plupart des gens approuvent. Mais dans la vraie vie, peu de personnes le mettent en application. Même s'ils sont d'accord ils cherchent d'abord les raisons qui les empêcheront d'atteindre ce but en oubliant qu'ils leurs restent 90 % à dépenser !

Avant de vous montrer que vous êtes plus riche que vous ne le pensez, laissez-moi vous poser une nouvelle question : si demain votre patron vous annonce que l'entreprise a des difficultés et qu'elle doit être restructurée. S'il vous demande de choisir entre perdre votre travail et une réduction de 10 % de votre salaire, que choisirez-vous ?

« J'accepterai la réduction de salaire. »

En quoi serez-vous affectée ? Tomberez-vous dans une dépression qui vous empêchera de vous lever le matin ?

« Non. Je serais agacée mais pas je serais toujours capable de me lever pour aller travailler. »

Parfait. En ce qui concerne votre logement, aurez-vous du mal à payer votre crédit ou votre loyer ?

« Non. »

Très bien. Nous avons déterminé qu'une baisse de 10 % ne vous empêchera pas de continuer à travailler et que vous ne perdrez pas votre maison. Qu'en est-il de votre mari ? Va-t-il vous quitter, vos enfants vont-ils se mettre à vous détester ?

« Bien sûr que non. »

Alors si votre mari, vos enfants et votre crédit ne posent aucun problème, qu'est-ce qui vous empêche de vous payer en premier ? Le shopping, le téléachat, votre chien ou votre voisin peut-être !

Si vous voulez obtenir quelque chose de votre argent, et qu'il travaille pour vous au lieu du contraire, vous devez comprendre que celui-ci ne doit pas servir à payer uniquement les factures des autres en priorité. Il doit surtout vous aider à mieux vivre, à assurer votre avenir et payer autre chose que le quotidien. Pour éviter de tomber dans le piège de la boîte de chocolats vous devez **vous payer en premier**.

Votre argent doit d'abord vous servir à mieux vivre. Pas à enrichir les autres.

Ne croyez pas que vous devrez faire des sacrifices. Dans la majorité des cas, vous aurez juste à changer quelques habitudes de consommation bien ancrées dans votre subconscient et repenser à la façon dont vous dépensez votre argent.

La seule et unique chose dont vous aurez besoin c'est de mettre votre cerveau au travail en lui demandant « comment faire pour me payer en premier tout en continuant à vivre normalement ? ». Allez-y, posez-lui la question maintenant. Je suis certain que vous allez avoir plusieurs réponses dans les secondes qui suivent.

Ce que j'essaye de vous montrer c'est que dans la vie nous avons toujours deux possibilités de comportements : être réactif ou proactif. Être réactif se traduit par le fait que vous ne faites que réagir à une situation, baisse de revenus ou perte d'un emploi par exemple. Si vous n'avez pas les ressources, financières et psychologiques, pour combler cette perte vous en subirez automatiquement et obligatoirement les conséquences.

En revanche, il est plus stimulant pour son estime personnelle et moins douloureux d'être proactif en prenant des décisions pour vous-même avant que les événements n'en prennent pour vous.

Si vous décidez ou si vous pensez que vous ne pouvez pas vous payer en premier, ce sont les aléas du quotidien qui prendront le pas et imposeront les décisions. Mais si vous faites tout pour vous prémunir des accidents de la vie en vous enrichissant, vous créerez un avenir plus serein et prendrez le contrôle de votre vie.

Jetons maintenant un coup d'œil à la façon dont vous dépensez votre argent. Je promets quelques surprises à certaines d'entre vous.

Chapitre 3
VOUS ÊTES PLUS RICHE QUE VOUS NE LE PENSEZ

Quelle que soit la somme que vous gagnez, ou la façon dont vous la gagnez, vous avez déjà assez d'argent pour vous payer en premier. Encore une fois ce n'est pas directement lié à ce que vous gagnez mais très souvent à ce que vous dépensez et à la façon dont vous utilisez votre argent.

La solution est simple : apprenez à contrôler vos dépenses. Identifiez l'utile, l'inutile et le prioritaire, et tout se mettra en place. Vous vous payerez en premier très facilement, vous augmenterez votre pouvoir d'achat et aurez la possibilité de sécuriser votre avenir en continuant à vous faire plaisir.

Vous disiez tout à l'heure qu'il vous était impossible d'épargner régulièrement parce que vous aviez juste assez pour payer tout le reste sauf vous. Afin de vous aider à atteindre cet objectif je vous propose un petit exercice.

Dites-moi ce que vous faites le matin lorsque vous arrivez au bureau. Je suppose que vous prenez un café.

« *Oui.* »

Où buvez-vous votre café ?

« *Certainement pas à la machine à café du bureau. Il est infect.* »

Donc vous descendez au bar du coin. Combien vous coûte-t-il ?

« *1,50 €.* »

Prenez-vous juste un café ou quelque chose à côté ?

« *Je prends souvent un petit gâteau.* »

Combien vous coûte cette pâtisserie ?

« *1 €.* »

Pour le moment, et si je compte bien, vous dépensez chaque matin environ 2,50 €. Continuons. Avec votre café est-ce que vous fumez une cigarette ?

« *Euh. Oui.* »

Vous en fumez une seule ?

« *Souvent deux.* »

Parfait. Si nous considérons que le paquet de cigarettes coûte 5 €, deux cigarettes vaudront 0,50 €. Donc chaque matin avant d'avoir commencé votre journée de travail vous avez déjà dépensé 3 €. Est-ce le seul café de votre journée ?

« *Non j'en prends un ou deux autres avec les copines après déjeuner ou dans l'après-midi.* »

Disons que vous n'en prenez qu'un. Toujours avec deux cigarettes ?

« *Oui.* »

Donc nous pouvons considérer que vous dépensez au moins 6 € par jour rien qu'en pause-café pendant votre travail. Continuons avec la cigarette. Combien en fumez-vous par jour ?

« *Environ un paquet.* »

En oubliant les quatre cigarettes des pauses, avec les cafés nous arrivons à un total de 10 € par jour. En multipliant ce nombre par 30 nous obtenons 300 € par mois. Par conséquent, si vous gagnez 1 800 € par mois, vous dépensez plus de 16 % de votre salaire en café, friandises, cigarettes, etc. Cela veut également dire qu'en ne prenant qu'une seule pause café par jour et en fumant 4 cigarettes de moins, votre récupérerez 135 € par mois et ferez grossir votre compte de 1 620 € par an. Mission impossible ?

Vous croyez que cet exemple ne s'applique pas à vous, qu'il est caricatural parce que vous ne travaillez pas et que vous êtes femme au foyer ou que vous ne fumez pas ? Alors laissez-moi vous poser une autre question : combien d'appels téléphoniques passez-vous par jour à partir de votre téléphone portable alors que vous auriez pu le faire à partir de votre ligne fixe ? Combien de fois auriez-vous pu envoyer un SMS ou un Texto pour dire exactement la même chose et qui aurait eu la même efficacité ? Combien de fois avez-vous dépassé votre forfait téléphonique ? Combien de fois avez-vous pris votre voiture alors que vous auriez pu aller à pied ? Combien de fois vous êtes-vous déplacée pour quelque chose que vous auriez pu régler par téléphone ? Combien de fois avez-vous cuisiné trop de nourriture que vous n'avez pas consommée et qui a fini dans la poubelle parce que les enfants ne voulaient pas manger les restes ?

La vie quotidienne est pleine de petits gestes qui nous font dépenser. Et même si nous savons que nos dépenses ne sont pas optimisées, tant que nous n'avons pas une idée précise de leur impact sur nos finances personnelles, nous avons tendance à minimiser ou négliger leurs effets négatifs. Réfléchissez, observez-vous (ou les autres) et vous trouverez des dizaines de façons d'économiser, et surtout, qui ne changeront rien à votre train de vie.

Le beurre et l'argent du beurre

Même si gaspiller un peu d'argent dans notre vie de tous les jours est inévitable, c'est loin d'être une obligation. En raisonnant vos dépenses vous économiserez une fortune et assurerez votre avenir financier sans **changer quoi que ce soit à votre train de vie**.

Pour y arriver vous devrez être exigeante avec vous-même et ne pas accepter d'en avoir moins qu'auparavant. Repensez à la façon dont vous faites les choses et demandez-vous comment vous pourriez arriver exactement au même résultat pour un coût moindre et/ou en avoir plus pour la même dépense. Je vous assure que vous trouverez toujours une autre solution.

Je ne suis pas en train de vous dire qu'il faut arrêter de boire un café chaque matin ou que vous devez arrêter de fumer (vous n'avez pas besoin de moi pour savoir que c'est nocif). Peut-être même que vous n'avez pas besoin de vous soucier de ce genre de détails. Mais si vous avez du mal à vous payer en premier, ou simplement finir les fins de mois, il faudra que vous fassiez un choix : soit vous donnez la priorité au café, au téléphone, à la cigarette, aux dépenses inutiles ou n'importe quoi d'autre qui vous fait dépenser de l'argent sans rien apporter à votre vie, soit vous donnez la priorité à votre avenir, à votre sécurité financière et à celles de vos proches. C'est votre décision et votre vie.

Ce que j'essaye surtout de démontrer c'est que…

… tout le monde peut s'enrichir en faisant attention à ses dépenses sans changer son train de vie…

« Je suis d'accord avec vous, mais tous ces petits à côté font partie des plaisirs de la vie et s'en priver implique des sacrifices. »

Le but n'est pas de faire des sacrifices mais des choix qui vous permettront de tirer plus de votre argent. Admettons que le café soit un plaisir, que dire du téléphone ? Est-ce que vous prendrez plus (ou moins) de plaisir à appeler votre meilleure amie sur sa ligne fixe plutôt que son portable ? Est-ce que vous perdrez du plaisir en éteignant la lumière en sortant d'une pièce ? Est-ce que vous profiterez moins de votre télévision en l'éteignant au lieu de la mettre en veille ou en prenant un abonnement au satellite moins cher pour avoir seulement 20 chaînes au lieu des 50 que vous ne regardez jamais ?

Vous n'avez pas besoin d'être une fumeuse pour vous enrichir

Que dire de la cigarette ? Nous savons tous et vous savez qu'il est très mauvais de fumer pour la santé (24 % des cas de cancer). Sans compter que vous incommodez votre entourage si celui-ci ne fume pas. Mais disons que cela fasse partie de vos plaisirs. La plupart des fumeuses déclarent que la meilleure cigarette est celle que l'on prend après le repas. C'est-à-dire deux par jour. Les autres étant souvent fumées machinalement sans plaisir particulier. Si c'est le cas pourquoi en fumer un paquet ? Sarcastiquement je serai tenté de vous dire : « Concentrez-vous sur votre plaisir. Fumez deux cigarettes par jour et enrichissez-vous ! »

Je sais qu'arrêter de fumer demande de la motivation. Mais si l'évocation de votre santé et de votre sécurité financière peut être un élément déclencheur alors lisez ce qui suit. En 30 ans une femme qui fume un paquet par jour au tarif de 5,30 € (prix moyen d'un paquet depuis le 1er Janvier 2008 et en considérant une augmentation de 3 % par an) dépensera pas moins de 94 658 € (le prix d'un studio à Paris) ! Soit dit en passant vous n'avez pas besoin d'être une fumeuse pour vous enrichir et économiser vos 5 €

quotidiens. En cherchant un peu je suis certain que vous trouverez où votre argent part sans rien vous rapporter.

Ce n'est pas fini. Si vous fumez cet argent au lieu de le placer à 5 % par an vous ne verrez jamais les 243 036 € (prix d'une maison) qui partiront en fumée !

Vous avez toujours votre cigarette à la main ? Parfait. Savez-vous de combien vous pouvez vous enrichir en plaçant à 8 % la même somme sur la même période : 447 098 € ! Presque un demi-million d'euros simplement en économisant 5,30 € par jour et/ou en faisant attention à la façon dont vous dépensez votre argent au quotidien.

Il n'y a pas que le quotidien qui nous fait gâcher de l'argent. Beaucoup de dépenses récurrentes mensuelles sont des sources d'économie. Exemple : les abonnements aux magazines que vous ne lisez plus, la cotisation de la salle de sport que vous ne fréquentez pas, les assurances inutiles ou que vous payez trop cher ou en double, etc.

Pour télécharger les trucs à savoir pour éviter de gâcher son argent sans changer son train de vie :

www.toutlemondemeritedetreriche.com/envoi_infos/tlf.htm

Très honnêtement, vous pensez que tout ce que je viens d'énoncer dégradera votre train de vie et que vous aurez ou prendrez moins de plaisir ? Vous pensez que vous profiterez moins de la vie en faisant attention à votre argent et en prenant vos finances en main ?

Il faut que vous preniez conscience que ne pas faire attention à la façon dont vous dépensez votre argent vous enferme dans un processus où vous ne ferez **rien d'autre que** payer encore et toujours vos factures pour acheter des choses dont vous n'avez pas toujours besoin, que vous n'utilisez pas ou qui n'apportent rien à votre vie. Si vous restez dans ce schéma vous aurez toujours plus de mal à vous payer en premier et il ne vous restera jamais rien en fin de mois. Ainsi, vous ne penserez jamais à vous, donc à votre avenir ni à votre sécurité financière.

> « Votre livre m'a vraiment intéressée et provoqué des déclics. C'est la première fois de ma vie que je trouve jouissif de trouver des moyens d'épargner et croyez-moi j'étais une vraie catastrophe. » (Corinne G., lectrice de *Tout le monde mérite d'être riche)*

Raisonnez vos dépenses et vous n'aurez aucune difficulté à vous payer en premier au moins 10 % de vos revenus. Plus vous entrerez dans ce jeu plus vous trouverez des moyens d'épargner et plus vous verrez votre vie s'améliorer. Financièrement parce que vous aurez plus d'argent sur votre compte en banque, psychologiquement parce que vous serez moins stressée pour l'avenir.

Encore une fois, changez vos habitudes et vous changerez votre vie.

Maintenant, avez-vous une idée de ce qui se passerait si vous étiez capable de vous payer en premier à hauteur de 15 ou 20 % ?

Le lavage de cerveau ou les cinq secondes qui changeront votre compte en banque

Mesdames, vous êtes la première cible de notre société de consommation, avant tout parce que vous gérez une grande partie des achats de la famille. Des chaussettes de votre mari jusqu'aux jouets des enfants en passant par les croquettes du chat. Tout est fait pour vous séduire et surtout pour vous prendre votre argent.

Notre société est organisée pour que vous consommiez toujours plus et tout ce dont vous n'avez pas besoin. Jetez un œil aux boutiques, aux étalages, aux affichages. Tout est fait pour susciter l'envie et vous faire mettre la main à la poche.

« Ce que nous vendons à Coca-Cola, c'est du temps de cerveau humain disponible. » (Patrick Lelay, ancien PDG de TF1)

Même si nous pensons être capables de rester loin des sirènes de la publicité, le harcèlement continuel et incessant de notre société de consommation nous lave le cerveau un peu plus chaque jour. Nous faisant voir la réalité des publicitaires qui distillent des messages toujours plus élaborés ou en nous créant constamment des nouveaux besoins.

Tous les prétextes sont bons pour vous prendre votre argent. On vous flatte en vous disant que vous serez la plus belle avec le nouveau sac machin truc, ou culpabiliser pour vous vendre des produits de régime. Tous les coups sont permis.

Croyez-vous que dépensez toujours plus nous rend plus heureux ? Pensez-vous que vous serez obligatoirement heureuse parce que vous dépensez votre argent pour des choses dont vous n'avez pas toujours réellement besoin ?

« Le rose qu'on nous propose d'avoir les quantités d'choses qui donnent envie d'autre chose. On nous fait croire que le bonheur c'est d'avoir de l'avoir plein nos armoires. Dérisions de nous dérisoires car Foule sentimentale on a soif d'idéal attirée par les étoiles, dévoilent que des choses pas commerciales. » (Alain Souchon – Foule sentimentale)

Pourquoi dépensons-nous ?

Si vous avez tendance à trop dépenser, demandez-vous pourquoi vous avez mis la main au porte-monnaie. En identifiant la raison vous éviterez des dépenses inutiles qui vous aideront à mieux utiliser votre argent.

Je vais vous donner plusieurs raisons pour lesquelles nous dépensons. Peut-être que vous vous reconnaîtrez dans l'une d'entre elles :

- **Parce que nous n'avons rien d'autre à faire.** Ne vous est-il jamais arrivé qu'une amie vous appelle et vous dise « tu fais quoi cet après-midi ? J'irais bien faire du shopping. Tu viens avec moi ? »

- **Parce que nous avons de l'argent sur notre compte** (syndrome de la boîte de chocolats). Nous dépensons parce que nous savons que l'argent de notre paye est sur notre compte en banque. *A contrario*, et pour faire un nouveau parallèle avec la boite de chocolats, si nous avons oublié une boîte au fond du placard, elle restera intacte tant que nos yeux ne retomberont pas dessus !

- **Par envie**. Nous évoluons dans une société où nous naviguons perpétuellement entre un rêve de consommation sans limite et la réalité du salaire. Chaque envie à un prix. Est-il toujours utile de le payer ?

« D'accord avec vous, mais le shopping sert aussi à se faire plaisir. Si je vous écoute, il ne faut plus que je sorte de chez moi et que j'éteigne la télé. Bientôt vous allez me dire de vivre dans le noir pour économiser l'électricité. Nous tombons dans la franche radinerie. »

Faites-vous plaisir avec votre argent. Je vous le recommande vivement. Sinon vous serez frustrée que celui-ci ne vous donne que le droit de respirer. Mais faîtes bien la différence entre ce qui vous apporte une réelle satisfaction et enrichit votre vie et ce qui ne sert à rien.

Faites vous plaisir avec votre argent, sinon vous serez frustrée que celui-ci ne vous donne que le droit de respirer.

Pour ce qui est de la radinerie, les radins se reconnaissent à la façon dont ils vivent. Ils ne dépensent que contraints et forcés. Ils n'aiment qu'eux-mêmes et ne veulent rien donner aux autres. Argent ou amour.

Bien gérer son argent peut-être imposé par la vie. Une femme qui a un salaire modeste est contrainte de gérer efficacement son argent pour ne pas tomber du mauvais côté. Pour y arriver elle sera contrainte de faire des efforts que d'autres ne voudront pas faire. Ce qui pourra passer pour de la radinerie alors que d'autres verront cela comme de la bonne gestion.

Pour illustrer ce propos je vais vous raconter l'histoire d'une femme de mon entourage. Vous me direz après ce que vous pensez de son comportement. Nathalie est issue d'un milieu modeste. Elle a toujours appris à faire avec ce qu'elle avait et développé de réelles qualités d'économe. Par exemple, pour ne pas gâcher, lorsqu'elle a besoin d'eau chaude, elle récupère les premiers litres d'eau froide qui s'écoule du robinet pour arroser ses plantes. Que pensez-vous de son attitude ? Trouvez-vous que Nathalie est radine ?

« Pas du tout. Si elle n'a jamais eu beaucoup d'argent, elle a raison de le faire. En plus c'est écologique. »

Très bien. Maintenant si je vous dis qu'elle et son mari gagnent plus de 300 000 € par an. Quel regard avez-vous maintenant sur son attitude ? Est-elle devenue radine à vos yeux parce qu'elle gagne 20 fois le smic ? A-t-elle le droit de gâcher sous prétexte qu'elle gagne par mois de quoi remplir toutes les piscines du quartier ?

Je vais vous donner une stratégie de dépense que j'utilise tous les jours. Elle vous permettra de ne pas vous priver et de ne pas vider votre porte monnaie inutilement : achetez tout ce que vous voulez uniquement si cela apporte quelque chose à votre vie. Et si vous avez encore du mal à faire la différence entre le nécessaire et l'inutile, demandez-vous si vous seriez prête à acheter le produit en question s'il coûtait deux fois plus cher. Répondez à cette question sincèrement et vous pourrez acheter aussi bien du plaisir, du nécessaire, du superflu ou tout ce qui fait partie de votre vie sans vous priver ni générer de frustration.

Si vous avez du mal à faire la différence entre le nécessaire et l'inutile, demandez-vous si vous seriez prête à acheter le produit en question s'il coûtait deux fois plus cher.

Agissez et réfléchissez dans ce sens. Inévitablement vous améliorerez votre quotidien. Considérez que tout ce qui n'est pas indispensable est inutile. Vous gagnerez de l'argent, du temps et du plaisir. Vous verrez c'est redoutablement efficace.

Autre astuce pour celles qui cèdent facilement à la tentation : au moment où vous mettrez la main à votre portefeuille, arrêtez-vous cinq secondes. Respirez un grand coup et posez-vous la question suivante : « Est-ce que je n'ai pas une autre solution pour avoir la même chose ou arriver au même résultat ? ».

Nous consommons souvent par habitude et par réflexe, et allons plus naturellement vers la chose qui nous semble la plus évidente ou la plus facile d'accès. Mais rarement la moins coûteuse. Simplement parce que nous avons pris l'habitude de tendre la main avant de réfléchir à nos besoins. Tant que nous pouvons payer nous ne nous posons pas de questions sur notre façon de consommer et sur nos décisions d'achats. Ces dernières n'étant remises en cause qu'en cas de problème, générant ainsi la frustration de devoir se priver. Inversez le processus, réfléchissez avant de tendre la main, et vous sauverez votre argent sans vous priver.

Si vous avez tendance à trop dépenser je vais vous donner un autre exemple sous forme d'analogie. Pourquoi respirez-vous ?

« *Parce que j'en ai besoin pour vivre !* »

D'accord. Mais pourquoi ne respirez-vous pas deux fois plus ? C'est accessible à tout le monde et c'est gratuit.

« *Parce que je n'en ai pas besoin.* »

Faites la même chose avec votre argent. Dépensez-le uniquement pour tout ce qui améliore votre vie. Non seulement vous verrez les choses sous un autre angle mais vous pourrez facilement vous payer en premier à hauteur de 15 ou 20 % de vos revenus.

Le miracle des intérêts composés

« À partir de quand devons nous commencer à nous payer en premier ? »

Vous pouvez démarrer quand vous voudrez, mais à une seule condition : que vous commenciez maintenant ou tout de suite. C'est vous qui choisissez ! ☺. Plus sérieusement : plus vous attendrez plus vous perdrez d'argent.

Même si vous gagnez l'équivalent du salaire moyen, nous avons vu que la somme qui passera entre vos mains durant votre vie active est véritablement phénoménale. En reprenant l'exemple d'un salaire de 1 800 €, nous savons que la somme que vous aurez à gérer sera de 1 455 895 €.

Disons que vous avez gardé 10 % de cette somme chaque mois. Sans rien faire d'autre que vous payer en premier vous aurez accumulé 145 589 €.

En plaçant cet argent très simplement sur un livret d'épargne à 3 % par an (ce que je vous déconseille si vous voulez vraiment vous enrichir), vous seriez à la tête de 167 753 €.

Supposons maintenant que vous avez commencé à vous payer en premier 10 ans plus tard. Donc sur une période de 30 ans au lieu de 40. La somme que vous accumulerez sera encore de 105 846 €, mais pour rattraper le retard vous devrez vous payer en premier à hauteur de 16 % au lieu des 10 % initialement prévus. Soit un effort 60 % plus important.

Autre façon de voir les choses : disons qu'à la suite de la lecture de ce livre vous avez convaincu votre enfant de se payer en premier. En démarrant à 20 ans et en se payant 1/10e de son salaire uniquement pendant 10 ans, donc jusqu'à 30 ans, en plaçant son argent à 10 % par an (nous aurons l'occasion d'y revenir) à 60 ans il ou elle aura accumulé la somme de 660 762 €. Uniquement en se payant en premier pendant 10 ans, et sans rien faire d'autre que laisser son argent fructifier tout le reste du temps.

Supposons que vous ayez 25 ans de plus que votre enfant. Si vous voulez atteindre le même résultat il faudra que vous investissiez 1 730 € par mois, toujours rémunéré à 10 %, pour atteindre la même somme ! Difficile, je vous l'accorde, lorsque l'on gagne 1 800 €.

Ces démonstrations font apparaître deux choses : premièrement ce n'est pas combien vous gagnez qui détermine votre aptitude à vous enrichir, mais ce que vous garderez. Une personne qui gagne 1 800 € et qui met 100 € de côté par mois aura toujours plus qu'une personne qui gagne 10 000 € et qui dépense tout !

Deuxièmement : plus tôt vous commencerez à vous payer en premier moins vous aurez besoin de mettre d'argent de côté et moins vous aurez d'efforts à fournir.

« D'accord avec vous, le problème c'est que je n'ai plus 20 ans et je suis incapable de remonter le temps. Vous ne pensez pas qu'il est trop tard pour moi ? »

Il est trop tard uniquement pour celles qui ne commenceront jamais. Nous restons jeunes toujours plus longtemps ce qui nous permet de profiter de la vie et de notre argent plus longtemps, et même si vous avez dépassé les 40 ans, vous n'avez pas obligatoirement besoin de 500 000 € sur votre compte en banque pour vivre sans vous posez de questions.

Ensuite, plus nous avançons en âge moins nous avons de contraintes ou d'obligations financières. Généralement le crédit de votre habitation est payé et vos enfants sont autonomes. L'absence de ces contraintes vous aidera à vous payer très facilement au moins 20 % de vos revenus sans rien changer à votre train de vie. Ainsi en vous payant à hauteur de 1/5 de vos rentrées, soit 360 € par mois, en 15 ans vous générerez plus 120 333 € en plaçant votre argent à 8 %, ou encore 260 966 € en 20 ans au taux de 10 %.

Payez-vous en premier tout de suite. N'attendez pas la fin du mois, ni la semaine prochaine, ni même demain. **Faites-le tout de suite**.

« Oui, mais vous avez pris l'hypothèse que vous placiez votre argent à 10 %. C'est loin d'être le cas. Il suffit de voir ce que les banquiers proposent. C'est-à-dire aux environs de 4 à 5 %. »

Je vais vous dire une chose : celles qui sont incapables de placer leur argent à des taux plus élevés que ceux de la banque, sont uniquement celles qui ne savent pas le faire. Il y a des dizaines de façons de faire fructifier son argent à des taux plus élevés que les placements classiques que vous proposera votre banque. Car n'oubliez pas que votre banquier cherche avant tout à vous vendre des produits qui lui font d'abord gagner de l'argent. Croyez-moi, souvent il ne sait pas ce qu'il vend et n'en connaît pas beaucoup plus que vous sur le sujet… en tout cas pour le moment (je parle de vous).

Si vous me donnez encore quelques minutes de votre temps, je vous montrerai comment Éliane ou d'autres femmes ont changé leur vie en plaçant leur argent entre 10 et 25 %. Pour le moment disons que j'ai été trop généreux et imaginons que vous vous payez en premier toujours à hauteur d'un dixième de votre salaire, mais que vous placez votre argent à 6 %. Avez-vous une petite idée de ce que vous obtiendriez ? Vous vous retrouverez à la tête de 341 937 €. Croyez-moi, obtenir 6 % n'est pas exceptionnel. C'est la performance moyenne d'un plan épargne logement sur les 30 dernières années. Si aujourd'hui vous avez l'impression que c'est impossible ou difficile, en réalité c'est parce que les taux d'intérêt sont historiquement bas ce qui rend la plupart des placements, que j'appellerai *simples*, peu productifs.

Il faut noter que ce résultat ne peut être obtenu que si vous placez votre argent et que vous utilisez l'effet des intérêts composés.

« Intérêts composés ! C'est quoi ? »

Chaque fois que vous placez une somme celle-ci rapporte des intérêts d'année en année. Ainsi l'année prochaine les intérêts seront produits sur la somme placée initialement mais aussi sur les intérêts générés les années précédentes. Exemple : si vous placez 1 000 € à 10 % au premier janvier, en fin d'année vous aurez 1 100 €. L'année suivante les intérêts seront calculés non pas sur les 1 000 € placés au départ mais sur le cumul du capital de départ augmenté des intérêts de chaque année. Vous aurez donc sur votre compte 1 210 € (10 % sur 1 100 €).

Ce sont les intérêts composés qui font réellement fructifier votre argent, mais dans la pratique vous n'avez pas à vous soucier de cet aspect. Tout est automatique. Ils sont directement inclus dans la performance de vos placements. De la même façon que les intérêts négatifs (découverts ou prêts non remboursés) viennent continuellement grossir les sommes dues. Générant d'autres agios. À la différence que votre banquier, même s'il ne sait pas vous proposer des placements à 10 %, n'a aucun problème pour vous calculer des agios à 15 % sur vos découverts.

Vous pouvez aussi comparer et évaluer l'efficacité des intérêts composés en années de travail. Dans notre hypothèse, sans placer votre argent vous auriez accumulé 145 589 €. Soit 6,7 années de travail. En plaçant votre argent à 6 %, vous arriverez à l'équivalent de 13 années. En économisant seulement six euros par jour !

Vous voyez bien que 1 € par-ci ou 1 € par là peuvent vous faire économiser une vraie fortune. À vous de tout faire pour qu'elle devienne la vôtre en utilisant la puissance des intérêts composés. Mais encore faut-il que rien ne vous empêche de penser à vous. C'est le thème du prochain chapitre.

Chapitre 4
VOTRE GÉNÉROSITÉ VOUS PERDRA

Pour que tout fonctionne et que vous puissiez profiter de votre future fortune, il faut que vous passiez à l'action. Car la plus brillante des idées ne restera jamais qu'un concept tant que vous ne ferez rien pour qu'elle se matérialise. Mais au moment d'agir il est probable que vous trouviez quelques obstacles sur votre chemin. Votre nature féminine sera probablement le premier et le plus important.

1er obstacle : votre générosité

Il y a quelques mois, je regardais un reportage sur les gagnants du loto. La journaliste demandait à un couple comment il comptait utiliser ses gains. L'homme répondit qu'il allait arrêter de travailler et s'acheter une nouvelle voiture. De son côté la femme déclara qu'elle allait acheter une maison à ses parents.

Cette simple anecdote résume parfaitement la différence fondamentale qui existe entre les femmes et les hommes : les femmes pensent d'abord aux autres avant de penser à elles-mêmes.

Les femmes pensent d'abord aux autres avant de penser à elles-mêmes. Y compris pour leur argent.

Si vous passez votre temps à vous sacrifier pour faire plaisir à vos enfants, votre mari, vos parents ou vos amis, votre tendance naturelle à vous occuper des autres se révélera être un véritable handicap dans votre quête de sécurité et de richesse. Faut-il pour autant que vous deveniez un peu égoïste ou un peu plus « mec » ? Pas obligatoirement. Mais il vous faudra probablement apprendre à ne pas ou ne plus vous oublier.

Le schéma typique de préoccupation des femmes est une pyramide inversée. Plus vous êtes basse dans l'échelle des priorités, moins il vous restera d'occasions de profiter de votre argent, autant pour votre plaisir que pour votre sécurité.

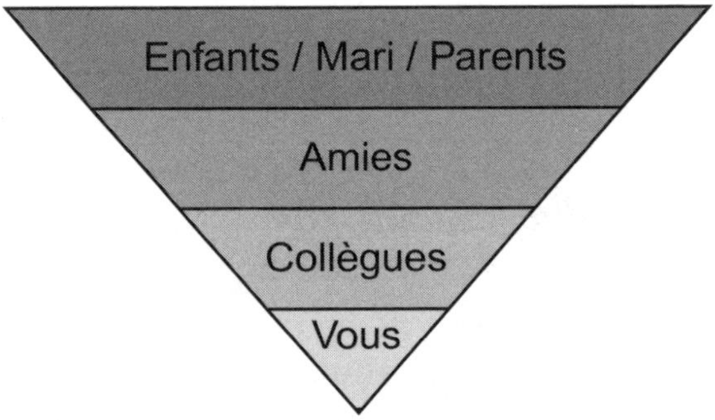

Schéma 3 :
schéma de préoccupation des femmes

Les exemples de femmes attentionnées sont multiples. Ils vont de Anne qui paye les factures de son ex qui pense qu'il n'est pas fait pour travailler, tout en oubliant qu'elle l'avait quitté pour la même raison, en passant par Evelyne qui se prive et s'endette pour satisfaire le moindre désir de son fils unique. Ou encore Noémie qui oublie de se faire plaisir parce que son mari a du mal à payer les traites de sa nouvelle moto, sans oublier Arlette qui continue de travailler dans son commerce à 82 ans pour laisser quelque chose à ses enfants, qui en ont déjà 60 ! Au final les femmes font plus de concessions et se sacrifient plus facilement pour les autres.

Il est indispensable de rétablir l'équilibre et d'arrêter de penser qu'il y a vos enfants ou votre mari d'un côté et vous de l'autre. Pensez-vous réellement que vous valez moins que votre conjoint ? Pensez-vous que vos enfants vous aimeront moins parce que vous vous occuperez du bien être de toute la famille en mettant tous ses membres au même niveau ? Vous y compris. Il n'y a qu'une seule entité : la famille. Et vous en faites partie autant que les autres membres.

Économiquement, plus les revenus de la famille sont réduits plus les dépenses engagées devront servir un maximum de membres. Ceci n'impliquant pas que vous n'aurez plus le droit au chocolat sous prétexte que votre mari à du mal à le digérer. Mais vous devrez peut-être céder moins facilement aux demandes de votre entourage.

Autre aspect, nous savons que notre argent doit avant tout servir à acheter deux choses : le nécessaire et le plaisir. Étant donné que nos revenus sont limités, quel que soit le montant, automatiquement nous savons que nous ne pourrons acheter qu'un certain nombre de plaisirs et de nécessités. Si vous vivez seule, l'équilibre entre vos besoins et vos plaisirs posera moins de problèmes puisque vous pourrez toujours vous arranger avec vous-même le jour où vous n'aurez pas envie d'être raisonnable. En revanche, si vous avez une famille, vous devrez continuellement arbitrer et faire des choix entre les besoins de chacun et les plaisirs pour tous, tout en faisant attention à ne pas vous oublier en donnant la priorité aux autres.

Même si ce sont vos enfants, soyez persuadée que plus vous donnerez moins il vous restera. Ainsi les consoles de jeu passeront après vos plaisirs personnels et votre sécurité, et le nouvel ordinateur de votre mari avant vos soirées entre copines.

2e obstacle : votre temps

Les femmes ne sacrifient pas que leur argent pour les autres. Elles donnent aussi leur temps et ont tendance à remettre à demain ce qu'elles auraient dû faire hier, pour elles. C'est ce que l'on appelle la procrastination.

« C'est vrai. Mais il faut reconnaître que nous avons beaucoup d'autres choses à faire. Les femmes plus que les hommes. Entre le boulot, les courses, les enfants et la tenue de la maison nous n'avons plus de temps pour nous. »

Peut être, mais vous prenez le temps de dépenser votre argent pour des choses qui ne sont pas toujours utiles ou prioritaires.

Autre aspect : avez-vous déjeuné aujourd'hui ?

« *??? Oui.* »

Pourquoi n'avez-vous pas attendu quelques jours ?

« *Je suis obligée de manger sinon je ne tiendrais pas debout !* »

Chacun de nous doit satisfaire certains besoins sans lesquels la vie serait impossible. En fonction de l'importance de ces besoins nous avons l'obligation de les satisfaire à plus ou moins court terme. Au risque de dégrader notre santé et notre qualité de vie.

Au même titre que manger permet de ne pas avoir faim, se payer en premier permet de pallier aux problèmes d'argent qui surviendront, peut-être, dans une semaine, un mois ou un an. C'est à cause de ce « peut-être » qu'en matière d'argent nous avons toujours la fausse impression d'avoir le temps avant d'agir. Sauf lorsque nous rencontrons un imprévu qui nous force à faire les choses sous la contrainte.

Alors pourquoi continuons-nous à remettre à plus tard ? Essentiellement parce que nous estimons, à tort ou à raison, avoir des choses plus importantes à faire que de nous occuper de notre sécurité financière. J'ai d'ailleurs souvent été étonné par le nombre de personnes qui passent plus de temps à planifier leurs vacances que leur avenir.

La plupart des gens passent plus de temps à planifier leurs vacances que leur avenir.

En matière d'argent votre procrastination peut s'avérer très couteuse. Voire catastrophique si vous ne faites rien. Ainsi, si vous décidez de vous payer en premier et que vous placez votre argent à 8 %, au bout de 25 ans vous aurez sur votre compte 170 541€. Disons maintenant que vous avez attendu un an et investi votre argent sur 24 ans. À la fin de la période votre compte affichera 155 749 €. Vous aurez donc perdu 14 792 € (180 € × 12 mois non investis). Le prix d'une voiture. Et si vous avez attendu 5 ans, votre manque à gagner s'élèvera à 63 788 € ! Soit 2,95 années de salaire ou le tiers d'une maison, ou encore le montant des études supérieures de vos enfants !

Ne faites pas la même erreur. D'autant plus qu'il n'y a strictement aucun danger pour votre argent. Si vous vous êtes payée en premier pendant 6 mois et qu'au bout de cette période vous estimez avoir perdu votre temps ou que vous pensez que tout ce que je vous ai raconté ne sont rien d'autres que des balivernes, votre argent sera toujours là et vous pourrez décider de le dépenser. Dans le pire des cas, il aura généré des intérêts. Vous donnant l'occasion de dépenser encore plus.

Maintenant vous savez que si vous perdez du temps vous perdez de l'argent.

3e obstacle : nos certitudes

Même si nous sommes convaincus de la nécessité de se payer en premier, nous avons tendance à penser que cela fonctionnera pour les autres mais jamais pour nous. Et certaines en sont persuadées **avant d'avoir essayé**.

Il est évident que si vous décrétez « je n'y arriverai pas » avant d'avoir essayé, vous avez peu de chances d'y arriver, ou de commencer, en élevant dès le départ des barrières psychologiques et limitatives qui vous qui vous empêcheront d'avancer.

Nous décrétons, un peu trop facilement, que nous ne pouvons pas y arriver parce qu'il est souvent plus facile de rester dans un état connu que d'essayer de changer les choses. Même si nous sommes convaincus du bien fondé de la démarche.

À ce moment, entre en jeu la paresse et la peur de l'inconnu qui vous laisseront dans le même schéma que vous vivez depuis plusieurs années. Même s'il a démontré ses carences et que vous savez qu'il est incapable de vous apporter ce que vous souhaitez.

Ces certitudes imposent des limites invisibles et des vérités que nous considérons comme vraies sans jamais les avoir vérifiées ou démontrées. Simplement parce que nous avons peur d'échouer, de changer ou de reconnaître que quelqu'un d'autre peut avoir raison et que nous pourrions avoir tort.

Les raisons (alibis) pour ne pas agir, ou les excuses qui permettent de nous cacher, sont multiples et souvent issues de ce que la vie (ne) nous a (pas) appris. Elles restent ancrées dans nos comportements et alimentent nos craintes. Si vous voulez vraiment faire quelque chose pour vous, la véritable question à laquelle vous devez répondre est la suivante : lorsque vous constatez un échec, qu'est-ce qui est le plus important et qui détermine la qualité de votre avenir ? La raison de cet échec (le passé) ou les conséquences de cet échec (l'avenir) ?

Oubliez le passé et ne laissez pas les conséquences s'imposer. Essayez, au lieu de commencer par échouer, et arrêtez de dire que vous n'y arriverez jamais. Agissez et vous changerez votre avenir.

4e obstacle : tout ce que vous devez payer avant vous

Les obstacles ne sont pas uniquement psychologiques mais aussi financiers, et de toute évidence pour que vous puissiez vous payer en premier facilement il faut que vos dépenses obligatoires soient réduites au maximum. Ces dépenses, subies, résultant généralement de ce que l'on appelle les passifs.

« Qu'est ce qu'un passif ? »

Un passif est matérialisé par n'importe quel élément qui occasionne une sortie d'argent. Les passifs existent sous 2 formes : les passifs obligatoires liés à tout ce qui est nécessaire à la vie (alimentation, logement, etc.) et les passifs financiers. Les principaux étant la fiscalité (passif) qui engendre un impôt (dépense) et les crédits qui produisent des intérêts débiteurs. À noter qu'une pension alimentaire est un passif si vous la payez. En revanche, c'est un actif (voir plus loin) si vous la percevez.

Bien utilisé, notre argent nous donne des choix de vie et limite les contraintes. Ce qui rend la vie plus agréable lorsque nous n'avons aucun compte à rendre à qui que ce soit. C'est ce que l'on appelle la liberté financière. Pour l'atteindre votre premier objectif sera de réduire au maximum et/ou de vous débarrasser d'un maximum de passifs, *à fortiori* lorsqu'ils ne sont pas obligatoires.

Pour aller dans ce sens, vous devrez commencer par éliminer tous vos découverts bancaires et crédits à la consommation en vous promettant de ne plus jamais y recourir. Ensuite attachez-vous à rembourser le crédit de votre résidence principale. Nous aurons l'occasion d'en reparler.

Les crédits et votre vie

Emprunter génère une obligation qui vous prive de votre liberté actuelle et future puisqu'on vous prête de l'argent à condition que vous utilisiez vos futurs revenus pour payer ce que vous avez dépensé hier. En d'autres termes, vous payez avec votre avenir. Par conséquent si vous deviez subir une baisse de salaire, vos ressources seraient essentiellement happées par vos obligations au détriment de tous vos autres éléments de vie et surtout de vos plaisirs. C'est pour cette raison que les personnes surendettées vivent un enfer économique en s'engageant à long terme pour satisfaire des besoins à court terme.

Les personnes surendettées vivent un enfer économique en s'engageant à long terme pour satisfaire des besoins à court terme.

La règle d'or pour les crédits est la suivante : ne faites jamais de crédit pour autre chose que votre sécurité, comme votre résidence principale, ni pour acheter quelque chose qui vaudra moins cher demain. Et surtout, cherchez toujours une autre solution avant d'envisager un crédit.

« Plus facile à dire qu'à faire. Il y a beaucoup de choses qui sont trop chères pour être payées sans emprunter. Sans compter que les crédits nous aident à acheter des éléments de plaisir. »

Je comprends votre remarque et je vais vous poser une nouvelle question : Savez-vous pourquoi il y a de plus de en plus de personnes surendettées ?

« Non. »

Simplement parce qu'il y a des crédits à la consommation ! Supprimez ces crédits et les surendettés disparaîtront. Pensez-vous que les gens seront malheureux parce que ces crédits n'existent plus ? Croyez-vous qu'ils ne pourront plus acheter de télévisions à écran plat ou partir en vacances ? Croyez vous qu'ils laveront leur vaisselle ou leur linge à la main parce qu'ils ne peuvent pas faire de crédits ? Probablement pas. En revanche, ils seront obligés de gérer leur argent pour obtenir tous ces éléments de confort.

Il y a une autre question plus fondamentale à propos des crédits et des contraintes qu'ils imposent. Essayez d'y répondre et vous ferez un grand pas dans leur utilisation : qu'est-ce qui est le plus important pour vous, votre liberté ou votre argent ?

« Ma liberté. »

Si votre liberté est plus importante que votre argent, ne le laissez pas vous enchaîner et payez un maximum de choses au comptant. Même si vous avez les moyens de rembourser un crédit pour un canapé, la première chose que vous achetez c'est la contrainte de rembourser votre débiteur avant de pouvoir utiliser votre argent pour vous-même.

Si votre liberté est plus importante que votre argent, ne le laissez pas vous enchaîner.

À un moment ou à un autre vous devrez payer. Autant le faire avant, en vous payant en premier, tout en faisant patienter votre ancien canapé le temps de réunir l'argent nécessaire pour payer le nouveau au comptant. Si vous êtes très pressée, serrez-vous la ceinture ce mois-ci. Je vous promets qu'au moment où vous serez livrée vous oublierez instantanément tous vos efforts et serez libre de faire ce que vous voulez de votre argent pour les mois à venir. Vous pourrez même changer d'avis au dernier moment, et vous apercevoir que vous n'en aviez pas vraiment besoin.

À savoir : si un magasin vous propose un crédit gratuit, sachez que ce même magasin est légalement obligé de vous proposer un escompte pour paiement comptant.

« D'accord, mais je n'ai pas envie d'attendre ! »

C'est sur ce point que jouent les organismes de crédit (demandez-vous pourquoi ils ont des stands dans les foires, les salons et les grands magasins). Ils vous permettent de satisfaire vos envies dans l'instant, alors que 15 secondes auparavant vous ne saviez pas que vous en aviez besoin ! Au final, vous payez des intérêts doubles : ceux du crédit et ceux de l'argent que vous auriez placé en attendant de pouvoir acheter votre canapé.

« Comment faire pour une voiture. J'en ai besoin pour aller travailler, sans compter que j'aimerais beaucoup avoir le dernier cabriolet qui vient de sortir. Pourquoi ne pas joindre l'utile à l'agréable. De plus vous avez dit que nous pouvions faire des crédits pour notre sécurité. Si je n'ai pas de voiture, je ne peux pas aller travailler, donc pas gagner d'argent pour payer mon appartement, donc ma principale sécurité. »

Je n'aime pas inciter les gens à faire des crédits car la première chose qu'ils apprennent c'est... faire des crédits ! Mais vous avez raison, si votre voiture vous permet de gagner de l'argent, et à moins que vous ne puissiez payer au comptant, n'hésitez pas à emprunter pour l'acheter.

Néanmoins vous devez savoir que le coût moyen annuel d'une voiture est de 6 000 € qui se répartissent entre l'assurance, l'entretien, la dépréciation du véhicule et surtout l'essence qui ne cessera pas d'augmenter tant que nous ne trouverons de substitut au pétrole. Il faut donc que vous fassiez la part des choses entre le prix de votre plaisir et celui de vos besoins.

D'une manière générale, les voitures un peu chics sont des éléments de valorisation du conducteur aux yeux des autres (ce sont eux qui voient la voiture puisque vous êtes dedans !) qui ne flattent que l'ego et rarement votre portefeuille. Si votre cabriolet coûte 300 € par mois de plus qu'une voiture classique et qu'il passe sa journée à vous attendre au bas de votre bureau, il serait intéressant de vous interroger sur le coût réel de votre plaisir et de votre nécessité.

Cela ne doit pas pour autant vous empêcher de vous faire plaisir. Qu'est-ce qui vous empêche d'acheter un véhicule d'occasion payé au comptant pour le quotidien et de louer le cabriolet de vos rêves pour partir en vacances ou en week-end ? Vous pourrez ainsi investir l'argent économisé et/ou vous offrir de plus longues vacances.

> Découvrez les astuces pour réduire le coût de votre voiture sur :
> www.toutlemondemeritedetreriche.com/envoi_infos/tlf.htm

La formule magique des riches

En dehors de votre sécurité il y a un autre cas de figure pour lequel vous pouvez faire un crédit. Il s'agit de tous les emprunts liés à l'acquisition d'actifs et principalement ceux qui s'autofinancent. C'est-à-dire que le produit, l'actif, sera capable de générer un revenu permettant de payer les mensualités de remboursement du crédit qui aura servi à son acquisition. On appelle ce mécanisme « l'effet de levier ». Il permet d'acheter quelque chose de cher en le finançant avec l'argent des autres. C'est typiquement le cas d'un appartement acheté avec l'argent de la banque (le crédit) et celui du locataire (le loyer) qui permet de rembourser l'emprunt. Nous aurons l'occasion d'en reparler.

Un actif est aussi caractérisé par sa capacité à générer directement ou indirectement un revenu ou de la valeur. Le plus connu est votre emploi (actif) qui génère un salaire (revenu). C'est le premier investissement que vous devez engager et consolider. Cette remarque est valable que vous soyez salariée ou à votre compte. Un portefeuille d'actions est considéré comme un actif à deux niveaux. D'une part vous percevez un dividende lorsque l'entreprise distribue ses bénéfices. D'autre part si le prix de l'action augmente et que vous vendez cette action, vous empocherez une plus-value.

Une fois que vous aurez saisi la différence entre un actif et un passif il ne vous restera plus qu'à appliquer la formule magique des riches à toutes vos décisions économiques : acheter un maximum d'actifs et réduire au maximum tous vos passifs. Pour simplifier les choses, achetez tout ce qui mettra de l'argent dans votre poche et éliminez tout ce qui génère des sorties d'argent.

« Mais où est le plaisir ? Le plaisir est un passif puisqu'il ne rapporte rien ! Si s'enrichir signifie se priver de plaisir je ne vois vraiment pas l'intérêt. »

Vous croyez vraiment que les riches ont moins de plaisirs que les pauvres, ou qu'ils partent moins souvent en vacances ? Les riches ou les futurs riches privilégient d'abord la création de richesse tout en continuant à profiter de la vie. Et surtout ils payent tout ou partie de leurs passifs obligatoires avec les revenus générés par leurs actifs. Ils font travailler leur argent à leur place afin que leurs investissements leur donnent une récompense : celle d'avoir plus de temps pour eux avec moins d'obligations et de contraintes.

Maintenant que vous savez comment mieux dépenser, que vous avez récupéré du pouvoir d'achat et que vous savez prendre les bonnes décisions pour vous et votre argent, il vous reste à faire un choix : soit vous dépensez tout ce que vous avez réussi à épargner en changeant vos habitudes, soit vous investissez pour votre avenir et votre sécurité sans oublier de continuer à vous faire plaisir.

Pour vous aider dans cette démarche, je vous propose de découvrir et de suivre un plan d'action que chacune d'entre vous peut mettre en place dès maintenant. Nous analyserons ensemble vos dépenses et explorerons plusieurs possibilités d'investissement afin que votre argent vous rapporte entre 10 et 15 % par an. Pour finir je vous donnerai quelques pistes pour gagner plus et obtenir plus de choses de votre argent.

Chapitre 5

UN PLAN D'ACTION POUR VOUS ET VOTRE ARGENT

Votre future fortune et votre avenir reposent sur votre volonté à vouloir changer et améliorer les choses. Sans revenir sur l'intérêt de se payer en premier, seule la taille et la destination de la somme préservée vous aideront à atteindre vos buts. Encore faut-il savoir ce que vous devez faire en fonction de vos besoins et de vos objectifs.

Dans les chapitres qui suivent nous verrons où et comment vous devrez placer votre argent en fonction de vos objectifs. Pour celles qui sont en quête de sécurité, je vous conseille de porter votre attention sur les assurances et l'immobilier en tant que résidence principale. Si votre but est de faire grossir votre compte en banque, intéresserez-vous aux placements financiers ou à l'immobilier spéculatif afin que votre argent vous rapporte le plus possible dans les meilleures conditions.

La création de votre fortune se fera en deux phases. La première se résume à une analyse détaillée de votre situation actuelle et de vos dépenses quotidiennes. La seconde consiste à investir votre argent en fonction des priorités que vous aurez définies. Ces choix se feront en fonction de votre situation familiale, de vos objectifs, de votre énergie et du temps que vous voudrez y consacrer. Dans tous les cas, et quelles que soient vos décisions, il est indispensable que vous investissiez votre argent et de ne pas le laisser dormir sur des comptes ou des placements qui ne rapportent rien.

1re étape : mettez en place le pilote automatique

Pour que le processus d'enrichissement se mette en marche vous devez vous assurer que l'argent que vous destinez à votre avenir ne parte pas ailleurs. La solution est très simple : vous devez mettre en place un prélèvement automatique qui placera votre « 2e paye » sur le ou les placements que nous déterminerons plus tard.

Certaines d'entre vous préfèreront garder le contrôle en choisissant de placer elles-mêmes chaque mois leur 2e paye. Croyez-moi cela ne fonctionne pas. La seule chose que vous contrôlerez c'est le retard que vous accumulerez. Tant que vous ne vous serez pas payée en premier, il y a toujours un risque pour que votre argent parte ailleurs, à cause de votre humeur, de la météo, de l'anniversaire d'oncle Albert, des impôts ou pour n'importe quelle autre raison plus ou moins valable. Dans le meilleur des cas, vous le ferez les premiers mois mais vous arrêterez parce que ce ne sera plus votre priorité du moment.

La seule et unique façon de procéder, qui fonctionne à tous les coups sans aucun état d'âme, c'est d'automatiser entièrement le processus. C'est-à-dire que vous devez demander à votre banquier qu'il verse systématiquement en début de mois 10, 15 ou 20 % (je connais des personnes qui versent 50 % de leurs revenus chaque mois) de votre salaire vers le ou les placements que vous aurez choisis. Ainsi vous ne serez jamais tentée de dépenser cet argent et serez certaine qu'il sera au bon endroit pour travailler pour vous. Si vous êtes mariée, que vous travaillez ou non, assurez-vous que votre mari en fait autant.

Procédez de cette façon sinon je sais que vous le ferez irrégulièrement et que les résultats ne seront pas à la hauteur de vos attentes. Ce qui aura pour effet de vous décourager, de ruiner vos bonnes intentions et d'arrêter.

Comment commencer

Le plus difficile lorsque l'on cherche à se payer en premier n'est pas de le faire mais de prendre la décision de tout faire pour que cela fonctionne. Beaucoup de femmes sont convaincues de l'utilité de ce concept mais ont du mal à commencer parce qu'elles sont persuadées que leur vie sera perturbée et surtout elles savent qu'elles devront changer leurs habitudes.

Au final elles se mettent elles-mêmes des bâtons dans les roues. Ainsi, toujours pour garder le contrôle et éviter que le choc ne soit trop rude, certaines essayent d'y aller progressivement et se font la promesse qu'elles augmenteront le pourcentage épargné chaque mois.

> **J'ai changé d'avis** : si vous avez lu mon premier livre, *Tout le monde mérite d'être riche*, vous vous rappellerez peut-être que j'avais proposé de commencer progressivement à vous payer en premier. Deux années plus tard, et après des dizaines de conversations avec les premiers lecteurs et lectrices, je suis arrivé à la conclusion que la meilleure solution est de commencer dès le premier jour avec au moins 10 ou 15 % par mois.

Je pense que démarrer progressivement à épargner est une très mauvaise idée. Si vous avez décidé de vous payer en premier, faites-le vraiment et ne tournez pas autour du pot. Plus vous mettrez de freins, ou plus vous vous poserez de questions sur la façon de procéder, plus vous trouverez de raisons pour reporter à demain (procrastination) et plus vous perdrez du temps.

Si vous avez l'intention de mettre 10 % de côté chaque mois, commencez avec 15 % et modifiez votre façon de dépenser pour obtenir la même chose sans avoir à changer votre train de vie. Pour celles qui sont prêtent à faire des efforts, n'hésitez pas à épargner 25 ou 30 %. Vous pourrez toujours diminuer ce pourcentage si la barre est trop haute. Si vous commencez plus bas, votre argent aura disparu et vous devrez redoubler d'effort pour compenser le temps perdu.

2e étape : regardez où part votre argent

Pour vivre nous dépensons notre argent au quotidien. Tout commence chaque matin au saut du lit pour se terminer au moment où nous éteignons la lumière pour nous endormir.

Chaque journée est constituée de plusieurs dizaines d'actions qui nous font dépenser de l'argent plus ou moins consciemment en fonction de nos habitudes de vie. Mais savons-nous vraiment si toutes ces dépenses sont nécessaires et si elles nous servent réellement à mieux vivre ?

Honnêtement je pense qu'il est très difficile de répondre à cette question sans une introspection préalable et une étude détaillée de vos dépenses. Il est donc indispensable de savoir comment vous dépensez votre argent. Cette étape est fondamentale et vous permettra d'identifier des sources potentielles d'économies tout en optimisant le montant de votre 2e paye. Pour arriver à vos fins, je vous propose deux exercices.

Pour le premier je vous demanderai de noter toutes les actions qui génèrent une dépense, quel que soit le moyen ou le mode de paiement. Contentez de vous de faire cet exercice pendant une semaine. Le but est d'identifier la valeur de vos gestes quotidiens et leurs conséquences économiques, pas de vous imposer des contraintes supplémentaires. D'ailleurs, vous ne tiendrez pas longtemps. N'oubliez pas le samedi et le dimanche. Ces deux journées sont importantes car nous ne dépensons pas de la même façon en semaine et durant le week-end.

Prenez un petit carnet et faites un tableau comme ci-dessous. Vous pouvez également télécharger un modèle, ainsi que d'autres informations pratiques et complémentaires au livre, en vous rendant sur mon site à l'adresse suivante : www.toutlemondemeritedetreriche.com/envoi_infos/tlf.htm

Faites cet exercice en deux temps. Remplissez d'abord les deux premières colonnes dans « le feu de l'action », c'est-à-dire au moment où vous dépensez, et remplissez les autres colonnes en fin de journée. Le meilleur moment est peut-être juste avant de vous endormir une fois que les enfants sont couchés et que vous avez enfin quelques minutes pour vous.

❶ Dépense engagée	❷ Montant ou dépense	❸ Utilité	❹ Solution bis	❺ Coût solution bis	❻ Économie possible	❼ Dépense récurrente

Voici ce que vous devez mettre dans chaque case de votre tableau :

- **Colonne n° 1 « dépense engagée » :** notez ce que vous avez fait et pourquoi vous l'avez fait. Exemple « j'ai appelé mon mari à partir de mon portable pour lui dire que je serai en retard » ou « j'ai pris la voiture pour aller voir ma mère ».

- **Colonne n° 2 « montant ou dépense » :** quel est le montant de cette dépense. Si vous ne savez pas remplir cette case c'est que vous payez les yeux fermés sans savoir si vous en avez pour votre argent. Il serait probablement intéressant d'aller chercher l'information pour vérifier que vous ne payez pas trop cher quelque chose que vous utilisez souvent.

- **Colonne n° 3 « utilité » :** dans cette colonne vous devrez mettre une note entre 0 et 5 sur l'utilité de cette dépense. 5 étant pour l'indispensable et 0 pour l'inutile ou ce dont vous auriez pu vous passer. À noter qu'une dépense plaisir a toute son importance. Elle n'est pas toujours utile mais peut se révéler indispensable à votre bien être. Vous pouvez également estimer qu'elle n'est pas nécessaire. Je vous laisse juger par vous-même.

- **Colonne n° 4 « solution bis » :** réfléchissez et notez ici comment vous auriez pu arriver au même résultat en procédant autrement et en payant moins cher. Vous pouvez y inscrire plusieurs solutions. Pour suivre les exemples donnés précédemment, vous pourriez écrire « j'aurais pu envoyer un sms ou appeler de ma ligne fixe vers sa ligne fixe au bureau » ou « j'aurais pu prendre le bus pour aller voir maman ».

- **Colonne n° 5 « coût solution bis » :** inscrivez ici le coût de la solution de rechange. Si la dépense était qualifiée d'inutile le montant à indiquer est 0. Vous pouvez également noter des solutions dont vous ne connaissez pas le coût, mais vous devez vous engager à vérifier dans les meilleurs délais que cette solution est véritablement moins coûteuse.

- **Colonne n° 6 « économie possible » :** indiquez l'économie que vous auriez réalisée en utilisant la solution bis.

- **Colonne n° 7 « dépenses récurrentes » :** précisez dans cette case si c'est une dépense récurrente. Il peut être intéressant de connaître la fréquence de cette dépense, *a fortiori* si sa note « d'utilité » est relativement basse.

Ensuite, il vous restera à totaliser ce que vous avez réellement dépensé (colonne n° 2) et ce que vous auriez pu dépenser pour arriver au même résultat (colonne n° 5). Faites la différence et multipliez ce nombre par 30, vous aurez déjà une première idée de ce que vous pourrez épargner chaque mois sans efforts particuliers.

Cet exercice peut vous sembler très scolaire, mais croyez-moi il est d'une utilité et d'une efficacité incroyable. 95 % des femmes qui se sont prêtées au jeu ont identifié des centaines d'euros d'économies qui se sont transformées en milliers d'euros par an et en dizaines de milliers après avoir été investis. Non seulement il vous fait prendre conscience de ce que vous dépensez mais il vous obligera à avoir une réflexion sur l'utilisation de votre argent. D'ailleurs, il est fort probable que dès le 2e ou 3e jour vous aurez déjà modifié quelques habitudes et supprimé certaines dépenses inutiles.

Le 2e exercice est relativement proche du premier. Il concerne toutes les dépenses payées au mois ou à l'année. Ainsi, nous retrouvons les dépenses liées aux impôts, au logement, au transport, aux assurances, l'alimentation, l'habillement, la santé, aux abonnements (électricité, gaz, téléphone), etc.

Pour avoir un tableau et une liste détaillée des différents postes de dépenses de la vie quotidienne et quelques trucs et astuces pour payer moins cher, rendez-vous sur le site internet à l'adresse suivante :

www.toutlemondemeritedetreriche.com/envoi_infos/tlf.htm

et suivez les instructions pour accéder à toutes les informations réservées uniquement aux lectrices du livre.

L'analyse de vos dépenses mensuelles est identique au premier exercice. Vous devez à la fois déterminer ce qui vous sert vraiment et son degré d'utilité. Ensuite, pour chaque poste, vous devrez réfléchir à la façon dont vous pourriez dépenser moins pour en avoir autant sans changer votre train de vie.

Les dépenses récurrentes sont les premières auxquelles vous devez porter de l'attention. Ce sont des charges qui reviennent mois après mois et qui sont souvent des sources d'économies importantes. Vous vous apercevrez certainement que vous payez des services ou des produits que vous n'utilisez pas ou peu. Les plus classiques, que nous avons déjà mentionnées, sont les abonnements aux salles de sport que vous ne fréquentez pas, les magazines que vous ne lisez plus ou encore les bouquets de télévision à péage que vous n'aurez jamais le temps de regarder.

Une fois que vous les aurez identifiées, éliminez-les sur le champ. Prenez cinq minutes de votre temps pour appeler le service concerné ou rédiger le courrier adéquat et envoyer le immédiatement. Si vous hésitez pour certaines dépenses, éliminez-les quand même. Vous pourrez toujours revenir en arrière, à la différence que pendant ce temps vous aurez fait quelques économies.

Ensuite, portez votre attention à toutes les dépenses annuelles comme les assurances. C'est un poste qui est rarement surveillé. Pour les assurances voitures ou habitation, vous êtes-vous déjà demandé ou avez-vous regardé ailleurs pour essayer de payer moins cher ? Ou simplement avez-vous déjà essayé de faire jouer la concurrence ? Comme pour les banques, les assureurs savent que le taux de fidélité est très élevé et que peu de personnes essayent de changer pour payer moins cher.

Par expérience je sais qu'il est assez facile de récupérer entre 10 et 30 % de ce que nous dépensons au quotidien. Croyez-moi ce n'est pas lié à votre niveau de salaire. Même si vous pensez que cet exercice n'est pas pour vous parce que vous estimez ne pas gagner assez, détrompez-vous ! Moins vous gagnez plus vous devez savoir où part votre argent. Pourtant, certaines femmes ne veulent pas savoir combien elles dépensent pour ne pas avoir à affronter la réalité. Si vous vous sentez concernée, arrêtez de faire l'autruche et prenez votre destin en main avant qu'il ne décide pour vous.

Pour celles qui pensent gagner suffisamment pour ne pas avoir à se préoccuper de ce genre de considérations, et qui préfèrent donner leur argent aux autres, offrez-le au moins à ceux qui en ont vraiment besoin et faites des dons. Vous pourrez même en déduire une partie de vos impôts.

Ensuite, faites la liste de vos actifs et de vos passifs et regardez comment vous pouvez réduire ou éliminer l'impact de ces derniers. Si vous avez des crédits, hormis s'ils sont payés par quelqu'un d'autre, attachez-vous à les rembourser le plus rapidement possible, y compris pour votre résidence principale et *a fortiori* si ce sont des crédits à la consommation.

Une erreur fréquemment rencontrée et pratiquée : j'ai souvent vu des femmes qui disposaient de quelques milliers d'euros d'épargne en parallèle d'un crédit à la consommation pour une somme sensiblement équivalente. Par peur de se séparer de cette sécurité elles préféraient payer des intérêts de 10 à 20 %, alors que leur épargne était placée à 3 % ! Si vous êtes dans ce cas, remboursez immédiatement cet emprunt avec vos disponibilités, qui se reconstitueront rapidement en épargnant ce que vous donniez précédemment à l'organisme prêteur.

3e étape : faites le ménage

Nous passons une bonne partie de notre vie à accumuler et à stocker des choses dont nous n'avons plus besoin. Non seulement nous occupons de la place inutilement (vous découvrirez que votre appartement est plus grand que vous ne le pensiez) mais en plus nous laissons dormir notre argent sous forme d'objets pas toujours utiles qui pourraient servir à d'autres.

Très souvent nous ne pensons pas à nous débarrasser de petits objets parce que nous ne leurs donnons pas beaucoup de valeur, ou parce que nous ne voulons pas faire d'efforts pour les monnayer. Encore une fois, si vous n'essayez pas de les vendre vous ne saurez jamais ce qu'ils peuvent vous rapporter.

Ouvrez vos placards et explorez votre cave. Regardez tout ce qui traîne depuis des mois, ou des années, et que vous n'utiliserez plus. Envisagez de vendre le vélo qu'a reçu votre fille de 18 ans pour l'anniversaire de ses 12 ans et débarrassez-vous au plus vite des anciens livres de classe. Sans oublier de vendre votre téléphone avant d'en acheter un nouveau. Prenez l'habitude de ne pas remplacer un objet avant de vendre l'ancien. De cette façon, vous sortirez moins d'argent pour financer votre nouvel achat. Peut-être même que vous découvrirez que votre téléphone fera l'affaire encore quelques mois (la flemme est un excellent moyen de dépenser moins sans se priver).

En bref, récupérez l'argent qui dort dans vos placards en vendant tous les objets inutiles sur Internet ou dans les innombrables vide-greniers organisés par les communes. Vous pourrez utiliser cet argent pour vous faire plaisir, réduire vos dettes, ou le placer pour qu'il vous rapporte quelque chose au lieu de le laisser dormir. Et si vous n'arrivez pas à monnayer tous ces objets, donnez-les aux associations caritatives. Ils serviront au moins à ceux qui en ont besoin.

4e étape : faites vos choix

Maintenant que vous vous payez en premier et que vous savez où part votre argent, il vous reste à faire des choix pour que votre argent vous apporte ce que vous désirez. En principe il y a trois choses que vous devriez faire en priorité avec votre argent : vous acheter du plaisir, vous mettre en sécurité et générer de la richesse. En fonction de votre objectif et de votre situation vous privilégierez un placement plus qu'un autre. En ce qui concerne le plaisir, vous n'avez pas besoin de moi. Pour ce qui est de la sécurité et de votre patrimoine, j'ai plusieurs idées à vous proposer.

Commençons par votre sécurité en découvrant ce que Miss France, Ségolène et ma voisine doivent faire pour assurer leur sécurité.

Chapitre 6

POURQUOI MISS FRANCE, SÉGOLÈNE ET MA VOISINE ONT-ELLES BESOIN DE GARDES DU CORPS ?

L'une des premières préoccupations des femmes est la sécurité. Et lorsque l'on a besoin de sécurité le plus simple est de se payer un garde du corps. Comme vous le valez bien, je vous en propose quatre. Cerise sur le gâteau, deux d'entre eux ne vous coûteront pratiquement rien et se résument à des décisions que vous devrez prendre rapidement. Le plus tôt étant le mieux. Les deux autres sont directement liés aux assurances que vous devez contracter.

Commençons par ces derniers et découvrons ce que doivent faire Miss France, Ségolène et ma voisine pour bénéficier de leurs services.

1er garde du corps : l'assurance-décès

Si vous êtes comme ma voisine, mariée et mère au foyer avec deux enfants, ou comme Ségolène qui a cinq enfants à charge, fonctionnaire mais séparée de son compagnon, vous devez bénéficier ou souscrire une assurance décès.

Je sais que cet aspect n'est jamais agréable à aborder, mais encore une fois ces choses font partie de la vie. Même si tout le monde sait ce qui arrivera un jour, personne ne connaît la date exacte, et si vous ne prenez pas en compte ce type de situation, soyez persuadée que les conséquences se révéleront bien plus désagréables.

Une assurance décès est, comme son nom l'indique... une assurance. À ne pas confondre avec l'assurance-vie qui est une enveloppe fiscale (voir plus loin). Pour bénéficier de cette assurance vous payez chaque année une somme à votre assureur qui s'engage, en contrepartie, à verser un capital en cas de décès du souscripteur à un bénéficiaire désigné par celui-ci. Le but de cette assurance étant de remplacer, économiquement, l'être cher perdu en sécurisant votre avenir matériel et celui de vos enfants. Si le risque couvert ne se produit pas pendant la durée de couverture les sommes versées seront perdues.

Prenons d'abord le cas où c'est votre conjoint qui travaille ou que sa paye est plus importante que la vôtre. Il faut que celui-ci souscrive à une assurance décès dont vous serez la bénéficiaire, et qui vous donnera droit à un capital qui vous laissera vivre tranquillement le temps de vous retourner et d'élever vos enfants.

Si vous êtes dans le cas de Ségolène, et tant que vos enfants sont à votre charge, vous devrez estimer la somme dont aura besoin la personne qui prendra soin d'eux afin de garantir leur sécurité, leur confort et leur avenir.

Deux choses importantes à savoir :

- Si vous en avez la possibilité, choisissez une assurance qui donnera une rente plutôt qu'un capital en une seule fois. Si vos enfants sont placés dans une famille d'accueil et que celle-ci devait connaître des problèmes financiers, il est préférable qu'elle n'ait pas accès à la totalité des fonds.

- Faites un testament qui indique qu'ils sont les bénéficiaires d'une assurance. Je sais que nous restons encore dans le macabre mais si vos héritiers ne savent pas que vous avez souscrit une assurance à leur bénéfice, ils auront beaucoup de mal à la réclamer auprès de l'établissement concerné. D'expérience je sais que très peu de personnes font ce type de démarche et que les problèmes qui découlent de cet oubli peuvent être catastrophiques.

Pour quel montant devez-vous être assurée ?

Le montant du capital reçu dépend de plusieurs paramètres et des personnes qui en bénéficieront. Si vous êtes la bénéficiaire, le capital que vous recevrez doit couvrir plusieurs années du revenu perdu. Si vous avez 35 printemps, cinq ans devraient suffire à réorganiser votre vie. Si vous êtes à quatre ans de toucher votre retraite, c'est la durée qui devra être prise en compte.

À titre indicatif : pour transmettre un capital de 150 000 €, une femme de 40 ans non fumeuse payera une prime mensuelle d'environ 25 €.

Pour ce qui est des enfants, la donnée la plus importante est leur âge. Ainsi, la durée de prise en charge doit être égale à la différence entre leur âge actuel et l'âge auquel ils sont censés subvenir à leurs besoins. Tout en sachant que plus ils sont jeunes plus ils auront besoin d'argent longtemps. Ce qui aura un impact sur le montant des primes à verser. Mais comme ces dernières augmentent en même temps que l'âge du souscripteur, vous ne payerez pas beaucoup plus puisque vous serez également plus jeune.

Soit dit en passant la meilleure assurance que vous puissiez donner à vos enfants est de leur apprendre à gérer leur argent dès le plus jeune âge pour les rendre autonomes rapidement. À ce sujet vous pouvez télécharger gratuitement le chapitre « Tous vos enfants méritent d'être riches » en vous rendant à l'adresse suivante :

www.toutlemondemeritedetreriche.com/envoi_infos/tlf.htm

« Et pour Miss France ? »

Le but d'une assurance décès est de prendre soin de vos proches au cas où vous ne seriez plus en mesure de le faire. Ce qui veut dire que ce type d'assurance n'a aucun intérêt pour Miss France puisqu'elle habite encore chez ses parents et qu'elle n'a pas d'enfants. En ce qui concerne Ségolène, elle pourra arrêter de souscrire dès que son dernier enfant aura terminé ses études. Les sommes libérées pouvant être mieux utilisées ailleurs.

Assurance décès et immobilier

Même si vous n'avez jamais souscrit à ce type d'assurance, il est fort probable qu'elles soient déjà présentes dans votre vie. Ainsi, chaque fois que vous contractez un crédit il y a systématiquement une part de la mensualité réservée au paiement d'une assurance décès qui prendra le relais le cas échéant. Dans la pratique cette assurance couvre aussi le risque d'une incapacité de travail et donc de perte de revenu (voir plus loin).

Pour un crédit immobilier, il faut que vous fassiez les choses avec cohérence. Si vous êtes dans le cas de ma voisine, et que votre mari est seul à travailler, l'assurance devra reposer sur sa tête puisque c'est son salaire qui permet de rembourser le capital emprunté.

« Mais qui touchera l'argent ? »

Pour un prêt immobilier l'assurance est souscrite au bénéfice unique de la banque pour le montant restant à payer. Même si vous ne toucherez rien directement vous en serez la bénéficiaire indirecte puisque vous serez débarrassée définitivement du crédit et des charges inhérentes à l'acquisition d'un logement ou d'un loyer.

Si vous êtes deux à travailler, répartissez l'assurance sur les deux têtes en fonction de l'importance de vos salaires respectifs. Certains couples s'assurent à 2 fois 100 %. L'un couvrant l'autre. À moins d'un cas de figure particulier je ne suis pas persuadé de l'intérêt de ce montage, car vous payez des sommes plus importantes qui seraient mieux utilisées à rembourser le crédit. Ce qui aura pour effet de rendre l'assurance inutile plus rapidement.

Une assurance de 0,4 % souscrite avec un crédit de 200 000 € sur 20 ans vous coûtera 16 000 € répartis sur la durée. Si vous vous assurez à 2 fois 100 % c'est la somme que vous payerez en plus. En incluant cette somme directement dans le remboursement du crédit, vous payerez moins d'intérêts et raccourcirez la durée approximativement de 2 ans.

Être propriétaire d'un logement est une forme de capital décès. Si vous êtes propriétaire de votre résidence principale, celle-ci aura une double utilité : non seulement elle représente un capital potentiel en cas de vente du bien, mais elle pourra également servir de logement aux bénéficiaires.

Si votre crédit est toujours en cours vous devrez prendre ce paramètre en considération dans le calcul d'un capital décès complémentaire, en sus de la partie crédit, puisque le budget logement n'aura plus à être pris en compte dans les frais de vie. Ainsi, vous pourrez réduire le montant des primes d'assurance tout en gardant un niveau de couverture suffisant. De plus, ce capital aidera les bénéficiaires à payer les impôts issus de la succession ainsi que les frais d'obsèques.

2e garde du corps : assurance invalidité

En dehors de votre santé, vos revenus sont certainement la chose la plus précieuse puisque qu'ils vous permettent de vivre et d'investir pour votre avenir. Mais si, comme Miss France ou ma voisine, vous n'avez aucune garantie de rentrées d'argent, en cas d'accident, vous vous devez de protéger vos revenus, ou ceux de votre conjoint, en contractant une assurance invalidité. La finalité n'est pas de faire votre fortune mais de protéger votre qualité de vie qui est fortement liée à votre pouvoir d'achat.

Cette réalité est bien présente à l'esprit de la plupart des gens : ainsi un sondage IPSOS effectué en octobre 2005 faisait apparaître que 70 % des gens pensaient être incapables d'affronter des frais de vie supplémentaires en cas d'accident ou d'incapacité de travail.

Je sais que la souscription aux assurances peut-être considérée comme une dépense inutile et un passif tant qu'elles ne sont pas activées. Mais parce que la durée de vie s'allonge, vous avez statistiquement plus de chances de tomber malade ou d'avoir un accident handicapant que de décéder subitement, impliquant ainsi une incapacité à générer des revenus. C'est essentiellement pour cette raison que vous devez souscrire une assurance invalidité.

Toutefois, avant d'engager cette dépense, je vous recommande de vérifier que vous ne bénéficiez pas déjà de ce type de couverture au travers de votre mutuelle santé, de votre assurance responsabilité civile ou d'une assurance que votre employeur, ou celui de votre mari, aurait souscrite. Pour vous en assurer, il vous suffit de lire le contrat et/ou de passer un coup de fil à l'organisme concerné pour savoir de quoi il en retourne exactement. Il en est de même pour l'assurance décès.

Attention : vous devez adhérer à ce type d'assurance lorsque vous êtes en bonne santé. Pas quand vous tombez malade. D'ailleurs, les assurances ne vous prendraient pas en charge.

Comment choisir une assurance ?

Si vous êtes décidée à vous assurer, ne foncez pas tête baissée et ne signez pas avec la première compagnie d'assurance venue. Contactez plusieurs sociétés et comparez leurs prestations et leurs offres. Regardez ce que l'on vous donne pour votre argent et vérifiez que tout ce que l'on vous raconte est dans le contrat. S'il y a une ou plusieurs choses que vous ne comprenez pas, n'hésitez pas à demander des précisions à votre assureur. Ne vous contentez pas de bonnes paroles. Vérifiez que tout est écrit dans le contrat. Seuls les écrits sont valables. Pas les dires du vendeur. N'oubliez pas que le but d'une assurance est de vous couvrir pour des années pour des problèmes majeurs qui pourraient arriver dans votre vie. Vous pouvez donc prendre 10 minutes de votre temps pour éplucher ce que l'on vous propose.

3e garde du corps : l'air bag contre les imprévus

Le rôle de votre 3e garde du corps est de vous mettre à l'abri et d'amortir les coups durs en vous permettant de continuer à vivre sans angoisse en cas de problème comme le chômage. À cet effet il vous suffira de mettre un peu d'argent de côté pour vous laisser le temps de voir venir.

La somme qui servira de coussin amortisseur dépend de ce que vous dépensez chaque mois et de votre situation professionnelle. Si, comme Ségolène, vous êtes fonctionnaire et que vous bénéficiez de la sécurité de l'emploi vous pourrez vous contenter d'un strict minimum puisque vous savez que vous toucherez votre paye en fin de mois. Dans ce cas, quelques centaines d'euros devraient suffire. Si cette somme devait se révéler insuffisante vous aurez toujours la possibilité de la compléter en faisant quelques efforts sur vos dépenses au moment de l'apparition du problème.

Pour celles qui travaillent dans le privé, vous prendrez en compte le cas le plus défavorable : le chômage. La somme que vous devrez avoir devant vous dépendra de la différence entre votre salaire et le montant de votre allocation chômage ainsi que du temps dont vous aurez besoin pour retrouver du travail.

Si vous estimez à trois mois le temps nécessaire pour retrouver un emploi et que vous touchez 500 € de moins au chômage que la somme nécessaire à vos dépenses quotidiennes, vous aurez besoin de 1 500 € d'avance.

Personnellement je vous recommande de prévoir entre quatre et six mois d'avance. Je pense que c'est le strict minimum car nous avons souvent tendance à sous-estimer les choses désagréables.

Cette somme dépend également de votre psychologie personnelle. Vous pouvez parfaitement penser que votre tranquillité d'esprit est au moins égale à 12 mois. Même si je pense que c'est un peu exagéré, n'hésitez pas à accumuler la somme qui vous semble raisonnable et confortable. Il ne sert à rien de vous angoisser parce que vous pensez que vous n'avez pas assez. D'autant plus que votre argent sera toujours là.

« Combien devons-nous verser chaque mois pour ce coussin de sécurité ? Dans mon cas j'aurais besoin de 1 500 €. Ce qui me prendra plus d'un an à raison de 100 € par mois. Il peut se passer beaucoup de choses d'ici là. »

Si j'étais vous, je le ferais en trois ou quatre fois.

« Là, c'est vraiment impossible. Si je me paye déjà en premier 10 % de mon salaire et que je dois sortir 400 € de plus, les choses vont vraiment devenir difficiles. »

Premièrement, les 10 % de votre 2e paye peuvent être inclus dans les 400 €. L'effort sera donc moindre et seulement pour un temps limité. D'ailleurs, que ferez-vous demain si votre voiture tombe en panne et que la réparation coûte 800 € ?

« Je vais devoir me serrer la ceinture pendant plusieurs semaines et je demanderai au garagiste d'accepter que je le paye en deux fois. »

Faites pareil et payez-vous en deux fois. Si vous rencontrez un imprévu demain, vous serez obligée de faire l'effort nécessaire. Faites-le aujourd'hui et vous payerez moins cher demain, puisqu'en attendant nous allons placer votre argent.

Où et comment placer cet argent ?

La détention et la sécurité apportées par cette somme sont importantes pour votre tranquillité d'esprit. Mais il est tout aussi important de placer cet argent correctement. L'objectif étant de faire en sorte que votre air bag se dégonfle le moins possible (impact de l'inflation) durant l'attente de quelque chose qui tardera peut-être à venir. Mais il faudra aussi que votre argent soit immédiatement et facilement disponible en cas de besoin.

Si vous interrogez votre banquier, il vous proposera de placer cette épargne d'attente sur un classique livret d'épargne qui ne rapporte qu'entre 3 % et 3,5 % (fonction du type de livret et des taux en vigueur au moment où vous déposerez votre argent). Mais il existe d'autres placements plus intéressants qui remplissent les mêmes fonctions. Ce sont les SICAV monétaires.

Au moment où j'écris ces lignes, la plupart des SICAV monétaires rapportent entre 3,8 % et 4,8 % (je vous expliquerai plus loin comment obtenir entre 5 et 10 % sans aucun risque). Dans la pratique, si vous placez 10 000 € à 3 %, au bout d'un an, vous aurez 300 € d'intérêts. Avec les SICAV monétaires, vous en aurez 480 €. Même si cette différence ne vous semble pas énorme, ces 180 € seront toujours mieux dans votre poche que dans celle de votre banquier, sans parler des autres avantages.

Ces SICAV ont les mêmes qualités de disponibilité et de sécurité qu'un livret d'épargne avec la particularité et l'avantage d'être productives immédiatement. Vous donnant ainsi la possibilité de disposer des intérêts dès le premier jour. Alors que pour les livrets d'épargne vous devrez attendre la fin de l'année pour être créditée des intérêts et subir la règle des 15 jours. Pour l'exemple, si vous déposez votre argent le 2 du mois, il ne produira aucun intérêt avant le 16. De la même façon, si vous déposez votre argent le 17, il ne produira rien avant le 1er du mois suivant.

Très souvent, lorsque je propose cette alternative au placement d'une épargne court terme, la plupart des personnes que je conseille sont étonnées que leur banquier ne leur propose pas cette possibilité. Il y a deux raisons :

- **Ils ne savent pas que cela existe.** Croyez-moi la personne qui est au guichet de votre succursale n'en sait quelquefois pas plus que vous.

Parfois, elle n'a pas envie de chercher des informations sur quelque chose qu'elle n'a pas l'habitude de vendre. D'autres fois, pour se débarrasser du problème, on vous dira que le produit n'est pas disponible dans votre agence (voir témoignage ci-dessous).

« Impossible d'acheter la SICAV monétaire de ma banque que j'avais trouvée dans un magazine économique parce que (soi-disant) la personne qui s'occupe de mon compte ne la trouvait pas dans son ordinateur ! C'est seulement après avoir insisté auprès du chef d'agence que j'ai pu y souscrire. » (Valérie S.)

- **La banque gagne moins d'argent**. C'est normal. Si maintenant vous savez comment mieux placer votre épargne, les banquiers le savent depuis longtemps et n'hésitent pas à faire fructifier votre argent à 4 %, ou plus, alors qu'ils ne vous en donnent que 3 % !

À savoir : pour acheter des SICAV monétaires vous devez ouvrir ce que l'on appelle un compte-titres. Dans la pratique, vous n'aurez pas besoin de faire quoi que ce soit : le simple fait d'acheter une SICAV créera votre compte-titres.

Avant de placer votre argent sur des SICAV monétaires, vous devez vous assurer de plusieurs choses :

- Une part de SICAV monétaire peut valoir plusieurs milliers d'euros. Ne vous inquiétez pas pour autant. Suivant les banques vous aurez la possibilité de les acheter par 1/100e ou 1/10e. Je vous invite à le vérifier auprès de votre banquier.

- Il faut que vous vous assuriez qu'il n'y a pas de frais à l'entrée ni à la sortie et aucun droit de garde (frais facturés par les banques pour garder vos SICAV dans leurs comptes). En principe, si vous achetez une SICAV monétaire de votre banque vous n'aurez pas à subir ces frais. Mais, là encore, vous devez vous en assurer pour éviter de passer à la caisse inutilement.

- Vous devez vérifier que ce sont des SICAV monétaires simples, dites de « trésorerie ». Il existe des SICAV monétaires appelées « dynamiques » qui peuvent rapporter 1,5 à 2 fois plus. Le rendement est séduisant au premier abord mais ces produits comportent un risque pour votre capital et n'ont pas toujours la même sécurité que les SICAV monétaires classiques.

Découvrez une liste de SICAV monétaires en vous rendant sur le site à l'adresse suivante :

www.toutlemondemeritedetreriche.com/envoi_infos/tlf.htm

Important : les gains des SICAV, monétaires ou autres, ne sont pas imposables à condition de ne pas en vendre pour plus de 25 000 € dans l'année. Passé ce seuil vous aurez à payer l'impôt sur les plus-values qui est de 18 % et 11 % de CSG (uniquement sur les gains, pas sur le capital).

Dans le cadre de votre épargne de précaution, il est peu probable que vous ayez à dépasser les 25 000 €. Même si vous étiez amenée à placer des sommes plus importantes et subir l'impôt, les SICAV monétaires restent plus attractives que les livrets d'épargne dont le dépôt est plafonné.

Si votre banque rechigne à vous fournir ce type de placement, ce qui serait étonnant, vous pouvez ouvrir un compte dans une banque sur Internet qui vous donnera entière satisfaction avec l'assurance de ne rien payer pour l'achat et la vente de vos SICAV monétaires.

4e garde du corps : votre notaire

Votre dernier garde du corps est votre notaire. En dehors de cette activité, qui sort de ses attributions officielles, c'est lui qui vous aidera à rédiger un testament pour vous assurer que l'on s'occupera correctement de toutes les personnes et les choses que vous aimez dans votre vie.

Pour illustrer l'intérêt de cette mesure je vais vous donner un exemple : savez-vous qui héritera de la maison si le mari de ma voisine venait à décéder subitement ?

« Sa femme. Donc votre voisine. »

Pas obligatoirement. Suivant les cas et en fonction de ce qui a été fait, ou non, les enfants auront aussi leur part. Ce qui posera éventuellement des problèmes s'ils sont mineurs, car c'est le juge des tutelles qui prendra des décisions pour leur compte.

Je vais vous raconter une histoire qui se déroule actuellement dans la famille d'une de mes meilleures amies : Véronique. Son oncle est décédé il y a trois ans en laissant une maison avec un grand terrain. En l'absence de testament ou donation préalable, la loi stipule qu'une partie revient naturellement à sa femme (en France il est prévu que la loi soit révisée). L'autre étant attribuée aux enfants : Alex et Marie.

Jusqu'ici tout va bien. Mais il faut savoir que la tante est âgée de 70 ans. Elle a de plus en plus de mal à entretenir la maison et aimerait partir habiter dans le sud de la France. Le problème c'est qu'elle n'a pas assez d'argent pour acheter un nouvel appartement.

« Il lui suffit de vendre la maison ! »

Ce n'est pas aussi simple. Étant donné que les enfants détiennent une partie de la propriété, elle ne peut en disposer librement. Alex n'est pas très fortuné et serait heureux de vendre pour toucher sa part. En revanche, Marie n'est pas prête à vendre et tire une certaine satisfaction à imposer ses décisions en souvenir de certains événements survenus il y a quelques années.

Au final, leur mère ne peut disposer de la maison, qu'elle continue d'entretenir avec ses maigres moyens pour éviter qu'elle ne tombe en ruine. Comme Alex ne peut pas aider sa mère financièrement, de nouvelles tensions se créent avec Marie, qui fait de son mieux pour aider sa mère.

Quel que soit votre âge je vous recommande d'établir un testament. Non seulement pour que vos volontés soient exprimées, mais aussi pour protéger vos proches, éviter la discorde et mettre d'autres personnes dans l'embarras.

Autre cas de figure : si vous vous remariez, vous voudrez être certaine que vos enfants naturels soient les premiers bénéficiaires, même si rien ne vous empêche d'aimer les enfants de votre nouveau mari et de vouloir leur laisser quelque chose. Dans tous les cas un testament vous assurera que tout sera fait selon vos volontés.

Il est impossible pour moi de passer en revue tous les cas possibles. Leur nombre est infini et il y a autant de situations que de familles. Elles sont toutes différentes en fonction de chacun des acteurs, de ce qu'ils vivent, ce qu'ils aiment et ce qu'ils veulent. Il faut donc que vous preniez vos dispositions et que vous mettiez tout sur le papier avec votre notaire.

Je vous concède que l'aspect sécurité n'est pas le plus excitant. Ne le négligez pas pour autant. Il représente les fondations indispensables au développement d'un patrimoine bâti sereinement et surtout à votre tranquillité d'esprit.

Maintenant que vous avez vos gardes du corps, attaquons-nous à votre avenir et à la façon dont vous pouvez générer de la richesse et du patrimoine.

Chapitre 7

ACHETER OU LOUER ?

La forte hausse de l'immobilier des dernières années impose une réflexion approfondie sur l'intérêt économique d'acheter ou de louer son logement afin de prendre la meilleure décision pour vous-même et votre entourage. Celle-ci devant tenir compte de vos moyens, du confort que vous espérez et de vos objectifs. Vous allez découvrir qu'il n'est pas toujours obligatoire d'être propriétaire, bien que ce ne soit pas une mauvaise idée.

Dans les paragraphes et le chapitre qui suivent je vous donnerai plusieurs éléments de décisions. Je vous dévoilerai quelques trucs pour payer votre logement au meilleur prix et éviter quelques erreurs qui pourraient vous coûter très cher. Nous verrons également tout ce que vous pouvez demander à votre banquier pour emprunter dans les meilleures conditions.

Louer = jeter l'argent par les fenêtres… du propriétaire ???

Vous avez peut-être entendu dire que payer un loyer c'est gaspiller son argent. Personnellement je ne suis pas tout à fait d'accord avec cette affirmation. Car, à moins que vous n'ayez hérité d'un appartement, dans la grande majorité des cas vous serez toujours obligées de dépenser votre argent pour vous loger. Soit en payant un loyer à un propriétaire, soit en payant un loyer à vous-même pour rembourser le crédit que vous aurez contracté pour acquérir votre logement. Le tout étant de déterminer ce qui est le plus intéressant aussi bien en termes financiers qu'en termes de confort.

« Dans mon cas j'ai toujours préféré acheter plutôt que louer. Aujourd'hui, j'ai 50 ans et j'ai acheté mon appartement il y a 20 ans. Je suis très heureuse de l'avoir fait car c'est sans aucun doute le meilleur investissement que j'ai jamais fait de toute ma vie. »

Beaucoup de personnes considèrent que la possession de leur logement est le meilleur des investissements qu'elles ont eu l'occasion à faire. Souvent, parce que c'est le seul qu'elles ont jamais fait. Elles pensent que si leur logement prend de la valeur, elles s'enrichiront obligatoirement. C'est loin d'être vrai, car contrairement à ce que la plupart des gens pensent, que vous soyez propriétaire ou locataire, votre logement est et restera à jamais une charge obligatoire, donc un passif, qui ne rapporte strictement rien.

Votre appartement est un passif obligatoire qui ne rapporte strictement rien et qui génère des dépenses.

« Je ne suis absolument pas d'accord avec vous. J'ai payé mon appartement 80 000 €. Aujourd'hui, il vaut 200 000 €. Vous ne pouvez pas dire que c'est un passif. »

Sincèrement, j'en suis très heureux pour vous, mais la valeur de votre appartement ne fait pas de lui un actif. D'ailleurs, qu'auriez-vous dit si le marché de l'immobilier avait baissé au lieu de monter ? Ce qui arrive régulièrement. Entre 1991 et 1996, les prix ont chuté de 40 % et il est fort probable que nous allions vers une nouvelle baisse du marché (nous sommes en 2008) pour les raisons que je vous expliquerai plus loin.

Si la valeur de votre appartement a augmenté vous devez considérer que vous êtes chanceuse. Car vous ne pouvez ni dépenser ces 200 000 € ni les utiliser pour arrêter de travailler. Votre habitation est un passif qui ne rapporte strictement rien et génère des sorties d'argent comme la taxe foncière, la taxe d'habitation, les charges de copropriété et éventuellement l'impôt sur la fortune si votre patrimoine dépasse 760 000 €. Les seules personnes pour qui ce logement est un actif potentiel sont vos héritiers. À moins que vous ne décidiez de vendre pour un logement moins cher et que vous encaissiez définitivement une partie de la plus-value.

« Donc il faudrait que je redevienne locataire. »

Avec les prix actuels de l'immobilier c'est une question que l'on pourrait se poser. Mais ce n'est que de la théorie et je ne suis pas certain que ce soit une bonne idée de spéculer avec votre logement. Qui vous dit que dans deux ans les prix ne seront pas plus hauts ou que les loyers n'exploseront pas à la hausse par manque de logements disponibles ?

Redevenir locataire implique que vous vendiez la sécurité représentée par votre toit. Même si celle-ci est remplacée par la taille de votre compte en banque, êtes-vous réellement prête à le faire ? C'est d'ailleurs pour cette raison que le plus gros de la fortune des personnes qui décèdent est leur appartement.

Prenons un exemple chiffré et disons que avez le choix entre acheter un appartement de 150 000 € ou de louer ce même appartement pour 600 € par mois. En sachant que pour devenir propriétaire vous devrez emprunter à 4,5 % sur 20 ans, vous payerez 950 € de mensualité. Soit 350 € de plus que la location.

Vous pouvez utiliser cette différence de trois façons : 1) vous faire plaisir en choisissant de louer un autre appartement plus grand et plus confortable, 2) placer cet argent, ou 3) faire les deux en ne plaçant qu'une partie.

Supposons que vous avez choisi de rester locataire et de placer vos 350 € à 8 %. Ou encore que vous avez investi votre argent entre 12 et 15 % par an, comme nous le verrons plus loin avec notre amie Éliane. Au bout de 20 ans vous auriez sur votre compte 207 576 € disponibles et non immobilisés dans votre appartement. Sans rien faire d'autre que placer votre argent chaque mois. Chose que vous n'auriez pas pu faire en devenant propriétaire.

En tant que propriétaire, après avoir remboursé votre crédit, vous pourrez placer les 950 € disponibles à 8 % sur le même placement que la locataire. 10 ans plus tard vous aurez sur votre compte 178 359 €. En ajoutant la valeur de votre appartement qui aura progressé de 3 % par an, soit 388 361 €, votre patrimoine total s'élèvera à 566 721 € sans aucune dette.

En tant que locataire si vous continuez d'investir vos 350 € chaque mois au bout de la même période vous aurez sur votre compte 512 853 €. Mais avec l'obligation de continuer à payer un loyer. Ce qui est une forme de dette tant que cette obligation ne sera pas levée.

Vous voyez qu'il n'y a pas qu'une seule vérité sur ce sujet.

« D'accord mais pour que cette hypothèse se matérialise, il faut réellement épargner la différence régulièrement sur toute la période. Vous savez comme moi que peu de personnes le feront. Sans compter qu'il est assez difficile de trouver des placements qui rapportent 8 % par an. Pour finir pourquoi voulez-vous que l'immobilier baisse ? Il n'arrête pas de monter. Plus nous attendons plus il sera difficile d'acheter. »

Pour ce qui est des placements supérieurs ou égal à 8 %, laissez-moi encore quelques minutes. Je vous promets que je vous en donnerai au moins trois. Ensuite, si l'épargne de la différence entre dans votre stratégie de vous payer en premier, et que vous avez entièrement automatisé le processus, vous n'aurez aucun problème pour atteindre vos objectifs. Mais il faut reconnaître qu'emprunter pour acheter impose une épargne obligatoire qui aidera les moins disciplinées à tenir leurs engagements. C'est le bon côté des crédits lorsqu'ils servent à acheter des actifs : ils vous obligent à vous enrichir !

Bonne nouvelle : l'immobilier va baisser

Pour en revenir à la hausse de l'immobilier, même si depuis 10 ans les prix n'ont pas cessé de monter, jusqu'où pensez-vous qu'ils puissent aller ? En moyenne, les prix ont augmenté de 120 % sur cette période. D'un autre côté, les salaires sont loin d'avoir suivi la même progression, si bien que de moins en moins de personnes sont capables d'acheter. Celles qui avaient, ou qui ont encore, les moyens d'acquérir sont souvent déjà propriétaires et ne s'amusent pas à déménager pour la simple raison que les prix montent. Sans parler de la hausse des taux d'intérêt, engagée depuis quelques années, qui limite le pouvoir d'emprunt des éventuels acheteurs.

Tous ces éléments raréfient le nombre d'acquéreurs potentiels aux prix actuels. Petit à petit, l'offre devient plus importante que la demande. Ce qui fait baisser les prix. Les vendeurs étant obligés de réajuster leurs prétentions pour trouver des acheteurs capables de payer.

Si nous nous en tenons à ce que nous venons d'évoquer, il est légitime de s'interroger sur l'intérêt d'acheter sa résidence principale. Au sens comptable du terme, ce n'est pas toujours la meilleure idée. Sans vouloir dire que c'est une mauvaise idée. Car votre vie ne peut pas se résumer à des chiffres et la possession d'un logement va au-delà des considérations financières. C'est un élément de sécurité dont les paramètres sont essentiellement psychologiques.

Je peux aussi comprendre que vous préférez être chez vous et ne pas avoir à demander la permission à votre propriétaire pour enlever le magnifique papier à fleurs qui orne votre chambre depuis 20 ans. Vous pouvez également vous en moquer et préférer la liberté que vous donne la location. C'est votre choix.

Mais, à moins que vous ayez la possibilité de ne pas payer votre logement (héritage ou don) ou que votre loyer soit ridiculement bas, j'aurais tendance à vous recommander de devenir propriétaire de votre habitation. Puisque dans tous les cas vous devrez payer pour votre logement. À la différence qu'en devenant propriétaire vous vous débarrassez progressivement d'une charge obligatoire au fur et à mesure que le remboursement du crédit avance. Ce qui n'est pas vrai lorsque vous êtes locataire.

Locataire mais rentière en 4 ans

Faire le choix de louer plutôt qu'acheter peut-être une stratégie pour vous aider à vous payer en premier à hauteur de 20 ou 30 %, ou vous donner les moyens d'investir et de construire votre patrimoine en empruntant. C'est le constat et le choix d'Elise Franck qui, s'apercevant qu'en devenant propriétaire elle n'aurait plus la même capacité d'emprunt, décide de rester locataire afin de garder son pouvoir d'emprunt pour investir dans la pierre.

En utilisant son indemnité de licenciement, Elise décide de changer de vie et se lance dans l'investissement immobilier avec pour premier objectif de remplacer son ancien salaire d'assistante. Quelques années plus tard, son but est atteint. Et même si elle est toujours locataire, Elise est désormais propriétaire de plusieurs appartements dont les loyers remplacent largement son ancien salaire[1].

Témoignage : « Après quatre ans d'investissements progressifs, je peux enfin profiter de la vie sans me soucier du lendemain en gagnant l'équivalent d'un salaire de cadre sans travailler ! Pour y parvenir, j'ai mis en œuvre sur quatre ans une stratégie d'investissement gagnante dans l'immobilier qui s'applique quelle que soit l'évolution des prix et qui s'adapte à tous les budgets, même les plus modestes. » (Élise Franck) [1]

1. Vous trouverez son histoire complète et sa technique d'investissement dans le livre : *Comment je suis devenue rentière en 4 ans*, Maxima.

Quand être propriétaire ou locataire ?

Si vous choisissez de rester locataire ou si vous ne pouvez faire autrement, faites le maximum pour investir votre argent afin que votre capital grossisse. Soit pour vous assurer une sécurité par le capital détenu, soit pour acheter lorsque les prix seront redevenus raisonnables.

Il y a un autre élément à prendre en compte lorsque vous ferez le choix d'acheter ou de louer : la durée du séjour prévue. Chaque fois que vous achetez un bien vous aurez à payer des frais dits « de notaire ». En supposant que vous empruntiez sur 20 ans la totalité du prix, vous devrez attendre deux ans et demi rien que pour amortir ces frais (7 % dans l'ancien) – six ans en Belgique où les frais de notaire sont de 20 % – et à condition que vous revendiez au même prix. Ce qui relève de la pure supposition après 10 années de hausse ininterrompue. De plus, comme nous avons vu qu'il est fort probable que vous payerez moins cher en louant, si vous achetez pour une courte période vous avez plus de chances de perdre de l'argent que d'en gagner. À moins que vous ne soyez vraiment certaine que le prix montera fortement pour vous permettre d'amortir ces frais. Dans ce cas, ce n'est plus de la spéculation mais une prédiction qui relève de la boule de cristal.

Où acheter ? Où louer ?

L'emplacement et la région sont des paramètres importants à ne pas négliger dans vos prises de décisions. Si vous souhaitez devenir propriétaire pour vous-même ou dans le but de louer à quelqu'un d'autre, je vous recommande de privilégier les centres-villes. Vous payerez probablement plus cher mais vous n'aurez aucun mal à louer ou à revendre votre appartement. De plus le budget voiture sera amoindri, celle-ci devenant moins indispensable pour faire vos courses ou emmener vos enfants à l'école.

Ce coût est aussi à prendre en compte si vous préférez rester locataire. Étant donné que vous serez moins dépendante de votre voiture, une partie de ce budget sera intégré dans le prix de la location sans que celui-ci ait un impact négatif sur votre pouvoir d'achat. Dans le même registre, si vous souhaitez vous installer hors de la ville, vous devrez intégrer une partie du budget essence dans le prix de la location.

Autre conseil : privilégiez les zones multi économiques. Il y a moins de chômage lorsque beaucoup d'entreprises peuplent une région. Ce qui signifie qu'il y a plus de pouvoir d'achat et plus de candidats potentiels solvables. Le moment venu vous aurez plus de facilités pour céder votre bien ou le mettre en location.

A contrario, méfiez-vous des régions dont l'emploi dépend d'une ou deux grosses entreprises. La mode étant à la délocalisation, vous prenez un risque de dévalorisation important, car il y aura moins de personnes intéressées par votre appartement le jour où vous souhaiterez vendre ou mettre en location. À moins que vous n'ayez des attaches particulières avec la région, dans ce cas de figure il est préférable de louer et d'investir un maximum d'épargne.

Il est temps maintenant de jeter un coup d'œil sur le développement de votre patrimoine. Dans un premier temps, et dans la continuité de ce chapitre, nous nous attarderons sur l'immobilier pour finir avec quelques idées de placements pour votre argent.

Chapitre 8

COMMENT S'ENRICHIR DANS L'IMMOBILIER ?

Pour le moment nous avons abordé l'immobilier sous forme de passif lorsque nous l'utilisons pour assumer l'obligation de nous loger. Mais l'immobilier peut aussi être utilisé pour investir son argent.

Il y a deux façons de s'enrichir avec l'immobilier. La première se résume à acheter un appartement, ou une maison, pour essayer de le revendre plus cher. Dans ce cas vous faites une plus value en encaissant la différence entre le prix de vente et le prix d'achat. La seconde consiste à acheter un bien immobilier dans le but de percevoir un loyer qui couvrira tout ou partie de la mensualité de remboursement de votre crédit. C'est ce que j'appelle utiliser l'argent des autres : celui de la banque pour l'emprunt et celui du locataire pour le remboursement de l'emprunt. Ce montage s'appelle « effet de levier ».

L'effet de levier

Pour mettre en place un effet de levier, il y a au moins trois éléments à considérer. Le premier est le bien que vous achetez (1). Ensuite vient le plus important : vous (2). Vous êtes le point d'appui sur lequel repose l'édifice. En vous prêtant de l'argent, la banque suppose que vous serez suffisamment solide pour être capable de rembourser l'emprunt. Si ce n'est pas le cas, le montage s'écroule. Le troisième élément est la longueur du levier (3). Il est lié à la durée du crédit. Plus il sera long moins vous aurez d'efforts à fournir et plus il vous sera facile de payer chaque mois. Plus il sera court, plus votre mensualité sera importante. En contrepartie, vous raccourcirez la durée de l'emprunt et payerez moins d'intérêts à la banque.

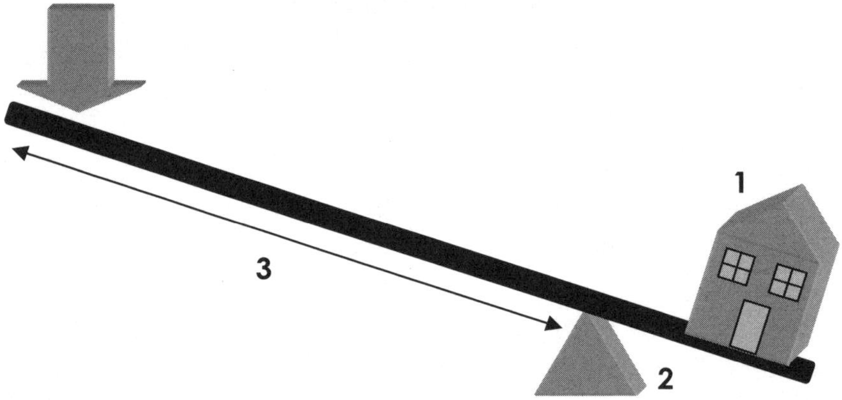

Les meilleurs investissements locatifs sont ceux où le loyer permet de payer toutes les charges liées à la propriété. C'est à ce moment que vous utilisez vraiment l'argent des autres. C'est aussi ce qui détermine si vous allez vous enrichir avec votre acquisition ou si c'est le banquier et le vendeur qui font une bonne affaire. Plus vous vous éloignerez de cet équilibre, moins votre investissement sera rentable.

Reprenons le cas de votre appartement et supposons que vous l'avez mis en location au lieu de l'utiliser pour vous-même. Combien avez-vous emprunté, quel était le montant de votre apport et combien pourriez-vous le vendre aujourd'hui ?

« Le prix de l'appartement était de 80 000 €. J'ai fait un apport de 20 000 € et j'ai emprunté le reste sur 20 ans. Il vaut aujourd'hui 200 000 €, ce qui ferait une plus-value potentielle de 120 000 € ».

Pas exactement. Votre plus-value réelle est de 180 000 €, puisque ce sont les 20 000 € qui sont devenus 200 000 € et non pas le prix de l'appartement que vous avez payé au vendeur de l'époque. Ce qui revient à placer son argent au taux de 12,2 % par an. C'est-à-dire que si vous trouvez un placement qui rapporte autant par an vous arriverez au même résultat sur la même période en plaçant 20 000 €.

Mais pour que ce calcul soit parfaitement exact, il faut que vous ne remettiez aucun centime de votre poche pour financer le crédit ainsi que toutes les taxes et impôts, les périodes d'inoccupation et les inévitables réparations ou aménagements qui devront être faits dans l'appartement. Sans oublier la gestion du locataire.

Tous ces aspects doivent être pris en compte, car chaque euro que vous sortirez de votre poche viendra obligatoirement amoindrir la rentabilité de votre investissement. Ainsi, si nous supposons qu'en moyenne vous avez dépensé 2 000 € chaque année pour couvrir tous les frais évoqués, sur 20 ans vous aurez versé 40 000 €. Cette somme s'ajoutera à votre mise de départ et réduira votre plus-value à 140 000 € pour transformer votre investissement à l'équivalent d'un placement à 6,2 %. Soit la rentabilité moyenne des SICAV monétaires sur les 20 dernières années ou encore ce que vous aurait rapporté un plan épargne logement sur la même période.

Bien sûr, ce calcul est approximatif. Son exactitude dépend de paramètres comme l'évolution du prix du loyer, l'impôt qu'il génère ainsi que d'éventuelles exonérations fiscales. Il dépendra également du prix que vous aurez payé. Si vous avez acheté trop cher, vous minorerez votre plus-value finale et le rendement de votre investissement. Si vous avez payé un bon prix, vous augmenterez votre bénéfice à la revente et la rentabilité de votre placement.

Dans tous les cas, si l'investissement immobilier vous intéresse, je vous recommande fortement de faire attention à tous ces aspects. Sinon, il est possible qu'un placement plus simple se révèle plus rémunérateur.

La règle des 10 %

Si vous voulez acheter de l'immobilier locatif dans l'ancien, mon meilleur conseil est le suivant : si le loyer brut ne vous rapporte pas au moins 10 % par an par rapport au prix que vous avez payé, tous frais compris, il est fort probable que vous fassiez une mauvaise affaire. C'est-à-dire que si vous payez un bien 200 000 €, frais de notaire inclus, le loyer annuel doit être au moins de 20 000 €, soit 1 666 € par mois, pour faire en sorte de ne pas perdre d'argent mais sans en avoir la certitude.

Utilisez cette règle des 10 % et n'achetez pas tant que ce critère n'aura pas été rempli. Si vous n'avez aucune marge de sécurité, non seulement vous entamerez la rentabilité de votre investissement mais vous pouvez vous retrouver en difficulté si vous veniez à rencontrer une longue période d'inoccupation. Tant que vous ne trouverez pas un bien qui répond à ces critères, considérez que vous payez trop cher et que votre argent sera mieux utilisé ailleurs.

« C'est ce qui risque d'arriver. Dans l'état actuel du marché c'est impossible de trouver un bien dont le loyer rapporte 10 % par an. »

Difficile probablement. Impossible certainement pas. Dans mon premier livre, j'ai montré comment j'avais acheté un immeuble de sept appartements pour 200 000 € sans sortir un centime de ma poche, même pour les frais de notaire, et qui me rapportait plus de 12 % en loyer malgré un marché en très forte hausse[1].

Il existe toujours des affaires à saisir, il suffit de les trouver en commençant par… chercher. Car je peux vous assurer qu'elles ne viendront jamais frapper à votre porte pour la simple raison que vous avez décidé d'investir. En cherchant vous trouverez toujours des opportunités, et quand je vous

1. Voir *Tout le monde mérite d'être riche*, Maxima.

aurais raconté l'histoire d'Éliane vous verrez qu'en étant astucieuse vous pourrez facilement trouver des placements immobiliers qui rapportent plus de 10 % par an.

Les parkings d'Éliane

Il y a 10 ans, Éliane était divorcée et travaillait comme assistante dans un cabinet dentaire. Ne pouvant acheter son logement, elle louait un deux pièces qu'elle occupait avec sa fille.

Un jour, son patron vendit son cabinet à un autre dentiste afin de prendre sa retraite. Comme il aimait bien Éliane, et pour la remercier de sa fidélité, il lui proposa de lui vendre le parking qu'il possédait dans l'immeuble pour la moitié de sa valeur. Soit 7 500 € au lieu de 15 000 €. Voyant que celle-ci ne s'attendait pas à ce genre de proposition, et n'avait jamais eu l'idée d'investir dans un parking, il lui promit de racheter le parking si elle n'arrivait pas à le louer.

Éliane accepta sous réserve de pouvoir essayer de le louer avant de donner sa réponse définitive. Elle mit donc une petite annonce pour tester le potentiel locatif de son parking en demandant 100 € par mois pour l'emplacement. Dans la semaine, elle n'eut pas moins de 10 demandes. La moitié émanait de personnes qui travaillaient dans le même immeuble, alors que l'autre moitié provenait de personnes qui habitaient le quartier.

Étant habituée à se débrouiller au quotidien pour ne pas gaspiller son pouvoir d'achat, et voyant que la demande était forte, Éliane décida de louer son parking à 80 € au lieu de 100 € ! Mais à deux personnes en même temps. La première l'utilisant le jour lorsqu'elle viendrait travailler dans le quartier. La seconde pour la nuit et le week-end. Résultat son parking lui rapportait 160 € par mois pour un investissement de 7 500 €. Soit un rendement exceptionnel de 25,6 %. Sans compter la revalorisation du loyer et de la valeur du parking d'année en année.

« D'accord mais elle a pu arriver à ce résultat parce que son patron lui a fait un beau cadeau. »

C'est vrai qu'elle a eu un peu de chance. Mais le cadeau de départ n'a servi qu'à lui mettre le pied à l'étrier. Ce qui a transformé sa chance en opportunité. La chance n'existe que si vous savez la saisir et faire en sorte que les choses arrivent. Si vous aviez acheté le même parking au prix normal en utilisant l'astuce d'Éliane, vous auriez quand même eu 12,8 % de rentabilité.

Aujourd'hui, rien ne vous empêche de faire la même chose. Vous pouvez distribuer une petite annonce dans les boîtes aux lettres, chez les commerçants du coin, ou vous renseigner dans les agences immobilières avoisinantes pour vérifier le potentiel locatif d'un parking avant de l'acheter. Peut-être que vous-même possédez un parking que vous n'utilisez que le soir et le week-end.

Pour finir, Éliane contracta un prêt de 22 500 € qui lui permit de payer son ancien patron et d'en acheter un second, qu'elle mit en location sur le même principe.

10 ans plus tard, Éliane possède une vingtaine de parkings répartis sur la ville. Elle continue d'en acheter régulièrement mais uniquement si l'emplacement lui permet d'utiliser la double location et se refuse à louer à une seule personne.

« Elle arrive à emprunter facilement ? Avec 20 parkings le banquier doit commencer à avoir peur ? »

La première chose que font les banquiers c'est d'évaluer le risque qu'ils prennent lorsqu'ils vous prêtent de l'argent. Dans le cas d'Éliane, le risque est très limité, pour trois raisons :

- Pour qu'un emplacement ne rapporte rien, il faudrait que les deux locataires partent en même temps. Comme chacun d'eux utilise le parking pour des raisons différentes, travail et habitation, il est peu probable qu'ils résilient leur bail au même moment. Sans compter qu'il suffit qu'un parking soit loué une seule partie de la journée pour être pratiquement à l'équilibre.

- En achetant des places de stationnement un peu partout sur la ville, elle répartit son risque géographiquement. Pour les mêmes raisons que précédemment il est peu probable que toutes les zones soient sinistrées du jour au lendemain.
- Un parking coûte moins cher qu'un appartement. Par conséquent, l'engagement, donc le risque financier, est moins important et il devient plus facile d'obtenir un crédit.

Aujourd'hui, les parkings d'Éliane lui rapportent chaque mois 3 000 €. Elle a acheté une maison avec son nouveau mari et arrêté de travailler. Ce qui lui laisse plus de temps pour gérer sa petite entreprise, chercher d'autres opportunités et pour élever sa deuxième fille. Bien sûr, elle n'est pas milliardaire mais à 38 ans son patrimoine est d'environ 300 000 € avec des revenus deux fois supérieurs à son ancien salaire.

Soit dit en passant, vous n'êtes pas toujours obligée de faire appel à un crédit immobilier pour acquérir un bien. Si vous souhaitez acheter un bout de terrain ou un parking et que le coût est de quelques milliers d'euros, vous pouvez envisager de faire un crédit à la consommation que vous obtiendrez plus facilement. Mais comme ces crédits sont sur de courtes durées, vous aurez des mensualités plus importantes à régler. Ce qui vous obligera à rembourser, donc à vous enrichir, plus rapidement si le bien est destiné à la location.

« Mais vous avez dit qu'il fallait éviter à tout prix les crédits à la consommation ! »

J'ai dit qu'il ne fallait pas utiliser de crédit pour acheter des passifs, c'est-à-dire n'importe quel achat qui se déprécie dans le temps. Si vous achetez un actif, et quel que soit le type de crédit, vous pouvez contracter un emprunt et éventuellement profiter de taux intéressants.

Attention : bien utilisés les crédits à la consommation donnent accès à des taux inférieurs à ceux que vous pourriez obtenir lors d'un crédit immobilier. Cependant, il faut noter que les taux affichés sont « des taux d'appel » destinés à attirer votre attention. Ils sont disponibles pour des durées d'emprunt limitées avec des montants plafonnés à quelques milliers d'euros. Au-delà, vous payez des taux prohibitifs qui peuvent avoisiner facilement les 15 %. N'hésitez pas à lire les mentions écrites en petits caractères et qui accompagnent obligatoirement n'importe quelle publicité.

« Pourquoi ne pas payer au comptant si nous avons l'argent disponible ? »

Tout dépend de la raison pour laquelle vous voulez acheter de l'immobilier. Si vous disposez des fonds et que le but est de revendre pour réaliser une plus-value au bout de quelques années, vous n'avez aucun intérêt à utiliser vos liquidités. *A fortiori* si le loyer paye le crédit et les frais annexes. Vous pourrez investir votre trésorerie sur d'autres placements qui proposent des rendements importants comme la bourse (voir plus loin). La plus-value obtenue venant s'ajouter à celle de votre investissement immobilier.

Comment ne pas payer d'impôts sur les plus-values

En cas de revente d'un investissement immobilier, vous devrez payer un impôt sur la plus-value réalisée. Sauf si vous utilisez l'appartement, ou la maison, comme résidence principale. Dans ce cas, vous n'aurez strictement aucun impôt à régler. Bien entendu vous ne pourrez pas mettre le produit en location puisque vous l'occuperez, à moins que vous ne fassiez comme Léa.

En 1998, Léa et son mari achètent une maison pour 150 000 € afin de la mettre en location. Deux ans plus tard, Marc et Léa divorcent. Ni l'un ni l'autre ne voulant garder la maison, ils décident de vendre l'appartement qui leur sert de résidence principale ainsi que la maison afin de partager le patrimoine.

À ce moment, je suggère à Léa de racheter à son ex-mari sa part de la maison avec le produit de la vente de l'appartement, afin qu'elle en fasse sa résidence principale. Léa n'était pas très intéressée par ma suggestion car la maison était trop grande pour elle et son chat, et la charge financière lui faisait peur. Jusqu'à ce que je lui fasse remarquer : 1) que le prix auquel elle pouvait racheter la part de son mari était 30 % en dessous du marché. Ce qui lui permettait de faire un bénéfice instantanément sans payer d'impôt sur la plus-value puisque la maison deviendrait sa résidence principale ; 2) qu'elle n'aurait besoin que d'un financement limité puisqu'elle toucherait également sa part sur l'appartement et 3) qu'elle pouvait mettre en location une partie de la maison et occuper l'autre partie. Ce qu'elle fit par la suite.

En 2005, Léa revendit la maison avec une plus value de 180 000 € sans payer d'impôt sur la cession et en ayant perçu un revenu locatif pendant cinq ans qui lui permit de payer sans difficulté le crédit restant.

Crédit *In Fine* et revenus complémentaires

L'autre finalité de l'immobilier est d'obtenir des revenus complémentaires. Si c'est votre objectif vous avez intérêt à rembourser le plus rapidement possible car même si le locataire fait le plus gros effort, vous ne pourrez vraiment profiter du complément de revenus que le jour où vous n'aurez plus de crédit à payer. Soit dans 15 ou 20 ans.

En principe, le loyer augmente dans le temps alors que la mensualité du crédit reste stable si vous avez opté pour un emprunt à taux fixe. Mais tant que le loyer perçu ne sera pas significativement supérieur au remboursement, majoré des différentes charges déjà évoquées, vous ne percevrez pas ou peu d'argent. À moins que vous n'utilisiez le crédit *In Fine* pour abaisser le montant de vos mensualités.

« Crédit quoi ? »

Les crédits classiques sont dits « amortissables ». C'est-à-dire qu'à chaque mensualité vous payez des intérêts et remboursez une partie du capital. Dans le cas du crédit *In Fine* vous ne payez que des intérêts sur la somme empruntée et remboursez la totalité du capital à l'échéance du prêt.

Pour l'exemple nous continuerons avec l'appartement du chapitre précédent, payé 150 000 €. Avec un crédit amortissable classique, sur 20 ans à 4,5 %, nous savons que vous payerez 950 € par mois. Avec un crédit *In Fine*, vous ne payerez que 6 750 € par an, ou 562,5 € par mois. C'est-à-dire 4,5 % de 150 000 € par an.

Avec ce montant de mensualité, le loyer perçu couvrira plus facilement toutes les différentes charges déjà évoquées et liées à l'acquisition. De plus, comme les banquiers ne veulent pas dépasser un taux d'endettement de 33 %, par rapport à vos revenus, vous avez un pouvoir d'emprunt plus important puisque, dans le premier cas, vous devrez gagner au moins 2 850 € par mois, alors que 1 690 € suffiront pour le crédit *In Fine*.

« Pourquoi faire un crédit amortissable ? Avec cette formule il serait plus facile de réduire la crise du logement et beaucoup plus de personnes pourraient devenir propriétaires. »

En théorie, vous avez tout à fait raison. Mais n'oubliez pas que vous devrez rembourser la totalité du capital emprunté à l'échéance du crédit. Soit 150 000 €. Si le marché monte et que votre appartement vaut 250 000 €, au moment de la revente vous rembourserez le capital de 150 000 € emprunté à la banque et empocherez une plus-value de 100 000 € tout en ayant payé de faibles mensualités. Mais si votre appartement ne vaut plus que 130 000 € au moment de la revente, vous devrez mettre 20 000 € de votre poche puisque le capital à rembourser sera toujours de 150 000 €.

Pour se prémunir contre ce type de risque, la banque vous demandera de mettre une contrepartie pour couvrir le risque de dévaluation. Cette contrepartie pouvant être le nantissement d'une somme ou d'un actif. C'est-à-dire qu'en échange d'un crédit *In Fine*, vous acceptez que la banque saisisse et vende l'actif mis en garantie si vous n'êtes pas capable de payer le capital à l'échéance.

Le tout étant de déterminer le montant ou la valeur de cette contrepartie. Si je m'en réfère à la dernière fois où j'ai fait un crédit *In Fine*, une banque me demandait de placer et de bloquer 50 % du montant emprunté alors qu'une autre plus conciliante ne me demandait que 15 % à condition de rembourser 2 % du capital chaque année. Ce qui faisait baisser le montant final du capital à rembourser ainsi que le montant des mensualités puisque je ne payais que des intérêts sur le capital emprunté durant la période d'emprunt (je sais que ce passage est un peu technique. Ne vous inquiétez pas pour autant, si besoin était vous aurez l'occasion de le relire accompagné d'une calculatrice. Vous pourrez également demander des explications plus fournies à votre banquier).

À moins que vous ne soyez capable de prédire avec exactitude le prix au moment de la revente ou si vous êtes **certaine** (je dis bien **certaine**) que vous ne revendrez jamais le bien concerné je vous recommande de faire très attention où vous mettez les pieds avec ce type de crédit.

Il existe un cas où le crédit *In Fine* est très intéressant : lorsque vous empruntez à 4,5 % pour un actif qui rapporte 10 %, ou plus. Car non seulement votre actif a moins de chances de se dévaluer à cause de son rendement important, mais en plus vous empruntez à un taux pour acheter un placement qui rapporte le double. Ainsi dans le cas d'Éliane, pour un parking qui a coûté 15 000 € elle payera chaque mois 56,25 € avec un crédit

In Fine et recevra 160 € de loyer. Soit un revenu avant impôts de 103,75 € par parking. Sans compter que les loyers augmenteront au fil des ans, générant ainsi d'autres excédents qui pourront servir au remboursement du capital.

Il y a une dernière chose que vous devez savoir sur les crédits *In Fine* : même si la mensualité payée chaque mois est plus faible, sur la durée vous payerez beaucoup plus d'intérêts d'emprunt. Pour être exact, dans le cas de l'appartement à 150 000 € vous paierez 77 760 € d'intérêts avec un crédit amortissable, et 135 000 € avec un crédit *In Fine*. Soit le double ! C'est le prix à payer pour une mensualité plus faible. Bien entendu, rien ne vous empêche de rembourser par anticipation. Dans ce cas, vous devrez utiliser vos liquidités pour rembourser du capital, pas pour payer plus facilement vos mensualités qui ne sont constituées que d'intérêts.

Comment bien investir dans l'immobilier

Si vous souhaitez faire un investissement locatif et que vous hésitez, ou que vous n'êtes pas sûre de la valeur locative, je vous recommande d'acheter un appartement neuf. Souvent, vous payerez le même prix que dans l'ancien. Pour vous en rendre compte, il suffit de jeter un œil sur les petites annonces.

En réalité l'ancien coûte plus cher, essentiellement pour deux raisons : la première concerne les frais de notaire. Pour l'ancien, vous payerez environ 7 % du prix alors qu'ils ne sont que de 3,5 % pour le neuf. La différence venant en augmentation du prix d'achat final. Ensuite, lorsque vous achetez de l'ancien, vous avez plus de chances d'avoir des travaux de réfection ou de maintenance. Ce qui alourdira la note. Sans compter que vous aurez probablement à vous en occuper plus souvent. Les promoteurs immobiliers ayant obligation de délivrer une garantie décennale, en achetant du neuf vous êtes pratiquement assurée de ne pas avoir de frais importants avant une dizaine d'année.

Autre paramètre à prendre en compte : le loyer. En considérant que vous n'êtes pas une experte, je vous recommande de chercher des appartements qui bénéficient d'une garantie locative. Je ne parle pas d'assurance sur les impayés, mais d'une garantie que vous pourrez louer votre appartement à un certain prix pendant une période suffisamment longue.

De plus en plus de constructeurs proposent cette possibilité aux investisseurs. Par exemple, dans le cadre de la Loi Robien vous avez la possibilité de bénéficier d'une réduction fiscale à condition de louer votre investissement pendant au moins 9 ans. Pour vous « aider à acheter » les promoteurs proposent des solutions (packages) pouvant inclure les frais de notaire et/ou une garantie locative pour plusieurs années tout en assurant la gestion des loyers et du locataire. La gestion et la garantie étant déléguées à des entreprises spécialisées.

Cette formule offre un double avantage : non seulement elle conforte votre capacité de financement au travers d'un loyer garanti, mais vous rassure aussi sur la valeur locative de votre bien. Les sociétés de gestion s'engageant à vous verser le loyer, que votre appartement soit occupé ou non, elles sont obligées de faire une étude préalable sérieuse pour éviter de vous payer un loyer qu'elles ne recouvreraient pas d'un autre côté.

Plus la durée du bail qu'elles sont prêtes à signer est long, plus elles valident la valeur de votre bien. Par conséquent ne vous laissez pas abuser par un promoteur qui proposera 1 ou 2 ans de loyers garantis. Souvent, cette « garantie », donc le risque de ne pas louer, est comprise dans le prix de vente. En réalité c'est le prix qui aura été augmenté pour prendre en compte cet aspect. Au final vous risquez de surpayer votre acquisition sans grande garantie sur la rentabilité.

Autre intérêt évident de ce type d'investissement : si les prix de l'immobilier étaient amenés à baisser dans les années à venir vous ne seriez pas touchée puisque votre garantie de revenu serait préservée.

Comment bien acheter ?

Si l'investissement immobilier vous intéresse, il y a une vérité que vous devez connaître avant d'acheter quoi que ce soit : la rentabilité d'un achat immobilier se fait à l'achat. C'est-à-dire que vous devrez vous concentrer sur les biens qui ont un potentiel d'appréciation, mais également tout faire pour payer le moins cher possible en négociant avec tous les intervenants. À savoir : le vendeur et la banque.

Négociez avec le vendeur

Le vendeur peut se présenter sous plusieurs formes : un particulier, un promoteur ou une agence immobilière.

Si le vendeur est un particulier, la négociation est très simple : il suffit de proposer un prix plus bas et d'attendre sa réponse. En demandant, vous avez tout à gagner et pas grand-chose à perdre. Dans le cas d'un achat immobilier, le résultat se chiffrera en dizaines de milliers d'euros. Ainsi, une réduction de 5 % sur un bien qui vaut 200 000 € représente 10 000 €.

Un conseil de bon sens : faites votre demande avec tact. Un vendeur sera toujours plus enclin à faire un effort pour une personne sympathique. De plus, si vous avez essayé d'obtenir une réduction sans succès, et que vous avez fait votre demande sans vexer le vendeur vous aurez toujours l'occasion de revenir dans le jeu avec une nouvelle proposition. Pour gagner du temps, vous pourrez prétexter que vous devez consulter votre banque pour voir comment vous pourriez augmenter votre prix.

Attention à une chose, Mesdames. Les femmes étant plus émotionnelles que les hommes, elles ont tendance à être moins exigeantes si elles tombent sur un appartement « coup de cœur ». Dans ce cas, elles sont souvent prêtent à faire des concessions sur le prix et à moins négocier de peur de manquer la maison de leurs rêves. Si cet achat concerne votre résidence principale cette « erreur » est presque pardonnable.

Deux recommandations cependant : 1) gardez la tête froide et n'oubliez jamais de demander un rabais. Vous pouvez simplement dire que vous n'avez pas assez. C'est une raison parfaitement valable, même si c'est un « petit » mensonge. 2) Ne montrez pas que vous êtes séduite car le vendeur pourrait profiter de cette faiblesse pour imposer son prix plus facilement.

Pour un investissement à but locatif, n'oubliez pas que vous n'habiterez pas l'appartement. Par conséquent le coup de cœur que vous pourriez avoir ne doit concerner que le prix et la rentabilité. Toute autre considération ne devra en aucun cas être prise en compte et vous ne devrez pas hésiter une seule seconde à demander un meilleur prix.

Si vous avez à faire à une agence immobilière, vous pouvez considérer que tout est permis. Toujours en restant dans les limites du raisonnable. Le tout étant de savoir où se trouve la frontière. Même si vous espérez 10 % de réduction demandez 20 %. Si vous ne demandez que 10 % vous ne saurez jamais si vous auriez pu obtenir 15 %. D'un autre côté, ne vous laissez pas influencer par l'agence qui prétextera que le vendeur ne sera pas d'accord. Je ne saurais vous dire combien d'affaires j'aurais manquées si j'avais écouté le vendeur de l'agence. Montrez que vous êtes réellement motivée mais restez ferme sur vos prétentions tant que vous n'aurez la réponse officielle du propriétaire.

Si l'agence est convaincue de votre motivation elle se battra pour vous. Son intérêt étant que la transaction se fasse. Non seulement elle fera tout pour négocier un prix auprès du vendeur mais elle peut aussi consentir à une remise sur sa commission. D'ailleurs je vous conseille de négocier celle-ci. C'est un autre moyen d'arriver ou de vous rapprocher du prix désiré au cas où le vendeur n'accepterait pas votre proposition.

Lorsque le vendeur est un promoteur, vous avez la possibilité de négocier plusieurs choses. Tout d'abord vous pouvez demander un meilleur prix sous prétexte que vous êtes prête à signer tout de suite. Si le commercial n'est pas disposé à descendre son prix vous pouvez lui demander de mettre un garage en plus ou une cuisine équipée, ou encore d'inclure les frais de notaire dans le prix. Essayez, vous verrez bien.

Obtenir des prix auprès d'un promoteur dépend de plusieurs choses et surtout de l'état du marché. En principe, il est plus facile d'obtenir un prix si vous faites partie des premiers acheteurs. Très souvent, les constructeurs préfèrent vendre sur plan quelques appartements avant de poser la première pierre pour s'assurer de la validité de leur projet.

Vous pouvez bénéficier de tarifs préférentiels si le promoteur à du mal à vendre les derniers appartements. Il y a deux cas de figure : 1) il a peut-être du mal à vendre parce que les derniers appartements sont les moins intéressants du projet ou 2) parce que le marché n'est plus aussi dynamique. Dans ce dernier cas, il prétextera souvent que les personnes qui voulaient se porter acquéreurs n'ont pas obtenu leur crédit. Si l'immeuble est livrable dans les deux mois, c'est rarement la vraie raison. Toujours est-il que vous pouvez vous engouffrer dans la brèche pour demander un meilleur prix. D'une manière générale, tant que vous n'aurez rien signé vous pouvez tout demander.

Négociez avec la banque

La banque est un partenaire incontournable pour un financement immobilier. Mais n'oubliez pas que votre banquier est avant tout un commercial qui doit faire du profit sur ce qu'il vous vend : le crédit. Par conséquent, il y a certaines choses qu'il ne vous dira pas. Soit parce qu'il n'y pense pas, soit parce qu'il minore sa marge bénéficiaire.

Tout d'abord, pour acheter tranquillement, et si vous ne vous voulez pas vous poser de questions sur le financement, préférez un crédit à taux fixe plutôt qu'un taux variable. Les mensualités de ce dernier n'étant pas maîtrisables, pour cause de variation des taux d'intérêt, vous risquez d'accroître l'écart entre la mensualité du crédit et le montant de votre loyer.

Ensuite, négociez le taux d'intérêt. Les statistiques montrant que l'on change plus souvent de conjoint que de banque, je vous recommande de ne pas hésiter à faire jouer la concurrence. Surtout avec votre banque. Si vous avez peur de vexer votre banquier vous n'êtes pas obligée de lui dire que vous avez été vous renseigner ailleurs.

En comparant les propositions, vous constaterez que votre banquier sera peut-être moins enclin à faire des efforts que la banque du trottoir d'en face qui sera plus conciliante afin que deveniez sa cliente.

Il y a un autre avantage à vous adresser à plusieurs banques : à moins que vous ne soyez déjà très avertie sur les pratiques bancaires, plus vous côtoierez de banques plus vous en apprendrez sur les crédits et sur les avantages que vous pouvez négocier. Ainsi, une banque peut ne pas facturer de frais de dossier, alors qu'une autre ne voudra pas en entendre parler mais vous laissera moduler la mensualité en fonction de vos besoins et de votre trésorerie.

Avant de prendre votre décision finale, n'hésitez pas à demander à votre banquier pourquoi vous devez prendre le crédit chez lui. Ne vous laissez pas embarquer par des discours commerciaux dans le genre « nous sommes les meilleurs, les plus beaux, les plus forts, blablabla, etc. » et demandez-lui qu'il vous le démontre preuves à l'appui. N'oubliez pas qu'un crédit vous engage pour un montant important et pour de longues années. Cela mérite un minimum d'attention et de certitudes.

Voici quelques aspects que vous pouvez négocier pour votre crédit :

- Demandez à ce qu'il n'y ait pas de pénalités en cas de remboursement anticipé. En cas de revente avant l'échéance du crédit, la grande majorité des banques vous demandera de payer des pénalités sur le capital restant à rembourser. Cette pénalité est égale à 3 % du capital restant dû (ce n'est pas obligatoirement vrai dans le cas de la résidence principale). Vous pouvez négocier cette pénalité mais vous devez le faire avant de signer votre contrat de prêt et vous assurer que cette mention est stipulée dans le contrat. Une fois que vous aurez signé, la banque n'aura aucune raison de vous faire ce cadeau.

- Demandez à pouvoir moduler les mensualités. Puisque vous avez un crédit à taux fixe et que votre loyer progressera dans le temps, ainsi que vos revenus, vous aurez l'occasion d'augmenter la mensualité afin de rembourser plus rapidement. Concerne surtout votre résidence principale qui reste votre passif le plus important.

- Demandez un rabais ou la suppression des frais de dossier. Classiquement, votre banque vous facturera des frais pour étudier votre cas. Ceux-ci n'ont rien d'obligatoires et sont facturés à la tête du client. Vous avez bien entendu : votre banque vous facturera des frais en fonction de ce qu'elle pourra vous prendre ou de ce que vous serez prête à payer. Donc ne vous laissez pas intimider si votre banquier vous dit que c'est écrit et qu'il ne peut rien faire.

- Une chose importante à négocier avec votre banquier : votre taux d'endettement. Typiquement la banque vous accordera un crédit dont la mensualité ne dépasse pas 33 % du montant de vos revenus disponibles. Le but du jeu étant de déterminer avec votre bien-aimé banquier le montant qui sera pris en compte. Si vous avez opté pour un achat avec une garantie locative, en théorie votre banquier devrait vous accorder un prêt qui ne se base pas uniquement sur votre revenu mais sur l'équilibre ou le déficit existant entre le loyer perçu et la mensualité de votre crédit.

Ce qui revient à dire que si le loyer perçu est égal à la mensualité, la logique voudrait qu'il ne tienne pas compte de votre crédit puisque celui-ci est entièrement couvert par le loyer. Hélas, c'est loin d'être le cas. La plupart des banques ne prendront en compte que 30 à 80 % du montant du loyer qui viendra s'ajouter à vos revenus pour calculer le montant que vous pourrez emprunter. Exemple : si vous gagnez 1 800 € par mois et que votre banquier prend en compte 80 % d'un loyer de 500 € (soit 400 €), celui-ci vous accordera un prêt sur 20 ans d'une mensualité égale à 726 € pour ne pas dépasser un taux d'endettement d'un tiers. En revanche si seulement 30 % du loyer est pris en compte on vous accordera un crédit dont la mensualité ne dépassera pas 655 €.

- Dans le cas d'un investissement locatif, essayez d'emprunter la totalité du prix en incluant les frais de notaire et les frais de dossier, *a fortiori* si le loyer couvre la totalité de la mensualité. En procédant ainsi, vous payerez tous les frais attenants à l'acquisition avec l'argent des autres.

Demandez plus pour avoir plus

D'une manière générale si vous voulez obtenir les bonnes grâces de votre banquier vous devez lui montrer que vous êtes capable de constituer une épargne régulière en vous payant en premier. Vous aurez ainsi plus de facilités à lui « vendre » votre solvabilité et votre capacité à épargner pour l'amener à être plus compréhensif à votre égard.

Mais il est fort probable que vous n'arriverez pas à obtenir tous ces avantages dans la même banque. Toujours est-il que rien ne vous empêche d'essayer de tout demander, car plus vous demanderez plus vous aurez de chances d'obtenir quelque chose. C'est purement humain et psychologique. Si vous essayez de négocier tous les points abordés, inévitablement votre banquier ne pourra pas vous dire non à chaque demande. Il sera obligé de lâcher quelque chose car, commercialement, il est assez embarrassant de dire non cinq fois de suite à un (futur) client. Alors que c'est plus facile de le dire une seule fois si vous ne demandez qu'une seule chose.

Autre élément à prendre en compte avec le taux d'emprunt : le montant des assurances. Vous devrez porter votre attention sur la totalité de la mensualité qui inclut le remboursement et le coût de l'assurance. C'est ce montant que vous devez prendre en compte. Pour comparer réellement le coût de votre crédit, n'hésitez pas à demander une simulation à votre banquier en incluant tous les frais.

Voilà. Vous êtes pratiquement une experte en immobilier. Mais c'est loin d'être le seul investissement possible. Car si vous n'avez pas envie de parcourir les petites annonces ou vous encombrer de locataires, il reste beaucoup d'autres alternatives qui rapportent tout autant. C'est le sujet des deux prochains chapitres.

Chapitre 9

POURQUOI MADAME IRMA NE GAGNERA-T-ELLE JAMAIS EN BOURSE ?

Selon votre âge, vous vous rappellerez peut-être du prix auquel vos parents ou vous-même avez acheté votre appartement il y a 20, 30 ou 40 ans. Aujourd'hui, c'est le prix de la voiture dans laquelle vous roulez ! Ainsi, je me rappelle qu'en 1962 mes parents avaient acheté leur appartement de 3 pièces en plein Paris pour… 7 500 € ! Vous savez aujourd'hui ce que vous pouvez avoir pour ce prix ? Même pas votre salle de bain ! C'est ce que l'on appelle l'inflation qui érode un peu plus chaque jour la valeur de notre argent.

Il y a deux façons de ne pas subir l'inflation. La première est liée à l'augmentation de vos revenus. Tant qu'ils progressent à la même vitesse vous ne subissez pas la montée des prix, mais vous ne vous enrichissez pas, puisque vos augmentations ne font que couvrir celles des prix.

La seconde consiste à investir une partie de votre argent, votre 2e paye, sur des supports financiers qui progressent plus rapidement que l'inflation. Dans ce cas de figure, non seulement vous compenserez la dévaluation de votre argent mais vous créerez aussi de la richesse.

C'est pour cette raison que je vous déconseille fortement d'utiliser les livrets d'épargne classiques pour y placer votre argent. Ceux-ci ne savent rien faire d'autre que lutter contre votre appauvrissement tout en ne créant aucune richesse.

Pour vous en rendre compte il suffit de constater qu'en plaçant 10 000 € sur un livret d'épargne à 3 % vous obtiendrez 18 061 € au bout de 20 ans. Pas très motivant, je vous l'accorde. D'autant plus qu'à cette vitesse vous

vous découragerez et arrêterez d'épargner. Prenons maintenant le même montant mais placé à 8 %. Toujours par le jeu des intérêts composés, votre capital sera multiplié par plus 4,6 pour atteindre 46 610 € ! Et même si vous n'avez pas 10 000 € à placer dès aujourd'hui en investissant toujours vos 180 € par mois, pendant 20 ans sur un placement qui rapporte 8 %, vous obtiendrez 106 754 €.

Pour arriver à ce résultat, le seul effort que vous aurez à fournir c'est de placer votre argent à 8 % au lieu de 3 % ! Encore faut-il connaître les placements qui rapportent autant et même plus. C'est ce que nous allons voir maintenant.

Il existe essentiellement deux types de placements financiers. Le premier est du type obligataire et monétaire. Ces placements sont sans risque mais leur rendement peine à dépasser les 4 à 5 %. Néanmoins, nous verrons comment, dans certains cas, vous pourrez doubler ce rendement sans aucun risque. Le second est orienté vers la bourse, qui est sans aucun doute le placement qui rapporte le plus sur le long terme.

Comment bien investir en bourse

« Mais je n'y connais rien. J'ai déjà essayé d'acheter des actions il y a quelques années et j'ai surtout perdu de l'argent au lieu d'en gagner. »

Je sais que la plupart des femmes n'aiment pas la bourse à cause de sa forte connotation de risque. Celles-ci la perçoivent comme un danger et privilégient la prudence, quelquefois excessive, en déposant leur argent sur des placements garantis et sécurisés, mais qui les privent de rendements plus importants qui les aideraient à faire croître leur capital rapidement. À l'inverse, les hommes considèrent le risque comme un défi et n'hésitent pas à placer leur argent en bourse. Ce qui ne les empêchera pas de perdre pour autant.

Je peux comprendre que l'investissement d'un argent difficilement gagné, et son éventuelle mise en danger, par des placements dits risqués, peut susciter des craintes. Mais il est véritablement important de rendre son argent productif et de sortir des placements comme les livrets d'épargne. C'est pourtant ce que font les moins fortunées. Alors que ce sont elles qui en ont le plus besoin.

Néanmoins, Mesdames, ne croyez pas que vous avez moins de dispositions que les hommes pour investir en bourse. Différentes études ont montré qu'en matière de placements financiers les femmes réussissent aussi bien que les hommes, et que plus elles avancent en âge plus elles investissent sur les marchés financiers. Souvent parce qu'elles n'ont plus d'enfants à charge, donc moins de quotidien à assurer, ou parce qu'elles ont constaté qu'au fil des ans la bourse est un placement qui rapporte beaucoup plus que les livrets d'épargne.

Pour ces raisons je serais tenter de vous inviter à gagner du temps en vous conseillant d'investir le plus rapidement possible au moins une petite partie de votre épargne en bourse.

« Pourquoi pas ? Mais encore une fois je n'y connais strictement rien. Je ne sais pas quelles actions je dois acheter et je n'ai pas beaucoup à investir. »

D'un point de vue purement pratique il est beaucoup plus facile d'investir en bourse que d'acheter un appartement. Dans la plupart des cas, vous pouvez générer des dizaines ou des centaines de milliers d'euros en investissant régulièrment quelques centaines d'euros. Ce qui rend ce type de placement ouvert à toutes. Alors que l'énergie à déployer et les barrières financières sont plus importantes pour l'immobilier.

« Oui mais l'immobilier est plus sûr. »

Détrompez-vous. L'immobilier et la bourse sont aussi risqués l'un que l'autre. La seule différence vient de la perception que nous avons de ces investissements. L'immobilier nous semble plus familier parce qu'il fait partie intégrante de notre quotidien. Alors que la possession d'actions n'a rien d'obligatoire, ce qui les rend moins proches de nous. Sans parler de l'apparente image sophistiquée et risquée des marchés financiers.

Toujours est-il que si vous souhaitez investir en bourse pour y faire fructifier votre argent facilement il y a trois règles que vous devrez suivre : 1) ne pas acheter d'actions, 2) vous en occupez le moins possible, 3) investir pour le long terme.

« ! ! ! Comment voulez-vous gagner de l'argent en bourse sans acheter d'actions et sans les surveiller ? »

Je sais que les deux premières affirmations sont un peu déroutantes. Mais elles sont le strict reflet de la réalité. Si vous avez déjà investi en bourse, je pense que vous serez d'accord avec ce qui va suivre. Si vous ne l'avez jamais fait, vous gagnerez beaucoup de temps, d'argent et d'efficacité.

Pourquoi ne faut-il ne pas acheter d'actions ?

La première idée qui vient à l'esprit lorsque l'on veut investir en bourse c'est acheter des actions. C'est assez logique d'autant plus qu'elles peuvent vous faire gagner beaucoup d'argent, mais vous en faire perdre encore plus. Ce qui se révélera très douloureux aussi bien financièrement que psychologiquement.

La principale difficulté est liée à notre capacité à trouver la ou les bonnes actions. C'est-à-dire celles qui vont gagner 50 % l'année prochaine (il y en a tous les ans, même quand la bourse baisse). En dehors de cas spécifiques comme le pétrole, où nous connaissons tous l'histoire pour les mois et les années à venir, il est très difficile de prédire ce qui va se passer pour une entreprise. Il y a tellement d'événements dans le monde d'aujourd'hui qui viennent contredire et modifier les scénarios économiques, qu'essayer de trouver les actions qui monteront demain relève plus de la boule de cristal que d'une étude sérieuse.

« Vous faites comment, pour vous ? »

Je vais vous dire la vérité. Je n'en sais pas plus que vous à ce sujet (enfin presque ☺) ! Lorsque je vois une action qui monte ou qui descend je peux seulement vous dire ce qu'elle est en train de faire. Mais je suis incapable de vous dire si elle continuera de monter ou de baisser. Et personne, même votre banquier, n'est capable de vous en dire plus.

Je vous donne un exemple avec une action très connue. Je vous révélerai son nom plus tard. Cette entreprise a été introduite en bourse fin des années 80 à grand renfort de publicité. Toutes les banques cherchaient à vendre ces actions à leurs clients, surtout celles qui avaient investi dans cette société, en clamant haut et fort que c'était le placement du siècle. Vous-même ou vos parents en avez peut-être acheté à l'époque.

La première année l'action perdit 30 %. Déception de courte durée puisque l'année suivante elle progressa de 100 % pour grimper à 8 €. Deux ans plus tard, elle s'échangeait à 1 €, pour finir aux alentours de 10 centimes d'euro début 2008 ! C'est Eurotunnel.

Je ne peux pas vous dire que ces mésaventures sont systématiques, et je peux même vous donner un contre exemple : l'action EDF a été introduite fin 2005 à 30 € et a gagné 160 % en deux ans. Pourtant, toutes les banques en proposaient à leurs clients.

Ce que je veux démontrer ici c'est que la majorité des gens ne savent pas quelles actions ils doivent acheter, quand ils doivent les acheter, quand ils doivent les vendre ni quand ils doivent les garder. Et vous pouvez être certaine que si votre banquier vous propose spontanément des actions XYZ, c'est qu'il a probablement reçu des instructions de sa direction et qu'il n'en sait pas plus que vous sur le potentiel de l'entreprise que vous achetez au travers de cette action. Si vous voulez tester ses convictions et ses motivations personnelles vous pourrez toujours lui demander combien il en a acheté pour lui-même.

« Il faut faire quoi alors ? Si personne ne sait comment voulez vous gagner de l'argent en bourse ? »

Pour investir facilement et simplement en bourse lorsque l'on y connaît rien, lorsque l'on ne se sait pas lire le bilan d'une entreprise ou simplement parce que nous avons autre chose à faire, le mieux est de se payer les services d'un expert (vous vous êtes bien payé des gardes du corps). C'est-à-dire que vous allez utiliser les connaissances des gestionnaires des fonds en actions, appelés Fonds Communs de Placement, ou plus communément FCP.

Qu'est ce qu'un FCP ?

Un Fonds Commun de Placement est organisé et géré par une entreprise financière qui sélectionne des sociétés dont les actions prendront place dans son fonds. Chaque souscripteur achète des parts de FCP et bénéficie de la gestion globale et de l'expertise du gérant. C'est ce que l'on appelle la gestion collective.

Le gestionnaire a aussi la charge de protéger le capital des souscripteurs en diversifiant les investissements. À cet effet, un FCP est constitué d'actions de plusieurs dizaines d'entreprises afin de ne pas concentrer le risque sur une seule société. Selon les cas, le gérant a la possibilité d'arbitrer sur le contenu du fonds pour se prémunir des périodes de baisse. C'est-à-dire qu'à tout moment il peut déplacer une partie du capital investi sur les actions vers d'autres produits moins volatiles comme les SICAV monétaires, déjà évoquées.

« Vous disiez que personne ne sait lorsqu'il faut vendre ou acheter. Pourquoi les gérants en sauraient-ils plus ? »

Je vous concède que les gestionnaires de fonds en savent un peu plus que la plupart des investisseurs. Leur gros avantage est qu'ils sont plus disciplinés que la plupart d'entre nous. C'est-à-dire qu'ils achètent des actions en fonction de stratégies précises et surtout ils n'hésitent pas à les vendre dès qu'ils ont atteint leur objectif de gain. Par exemple, si une action a progressé de 15 % le gérant du fonds peut estimer qu'elle a épuisé son potentiel de hausse et il n'hésitera pas à s'en débarrasser.

« Moi aussi je suis capable d'être disciplinée. Pourquoi je n'achèterai pas des actions que je revendrai dès qu'elles auront atteint 15 % de gains ? »

Et vous ferez quoi de celles qui n'atteignent pas votre objectif ?

En matière d'investissements boursiers, il faut que vous sachiez que 80 % des investisseurs sont incapables de se tenir à une stratégie. Souvent parce qu'ils n'en n'ont pas ! Ils sont régulièrement tentés de remanier leur portefeuille d'actions en fonction du mouvement des marchés, et surtout de leur humeur ou de leur état psychologique du moment. Lorsque la bourse pique du nez, ils ont peur de perdre leur argent et vendent dans la panique. Plus paradoxal, si leurs actions montent fortement ils hésitent à les vendre pensant qu'elles vont monter au ciel, ou se précipitent sur celles qui ont déjà gagné 100 % pour essayer d'avoir leur part du gâteau. C'est pour ces raisons que beaucoup de personnes sont incapables de gérer elles-mêmes leur portefeuille d'actions.

« Pourquoi les gérants y arrivent-ils mieux que nous ? »

Même si c'est leur travail, c'est avant tout parce que ce n'est pas leur argent ! Ce qui vous met sous pression c'est la responsabilité que vous prenez lorsque vous investissez votre argent. Si vous investissez dans un appartement, vous en connaissez la valeur approximative mais jamais exacte. Ce qui génère un flou dans son appréciation même si le marché immobilier est en baisse.

En bourse c'est complètement différent. Vous connaissez en temps réel la valeur de vos actions et le montant de vos gains et surtout celui de vos pertes. Ce qui déclenchera la peur et la douleur lorsque tout ira mal, et ranimera votre cupidité naturelle à vouloir gagner toujours plus lorsque votre action fétiche sera beaucoup trop montée et que vous hésiterez à la vendre après avoir atteint et dépassé votre objectif.

Comment trouver les meilleurs FCP ?

Même si les FCP vous permettent de bénéficier de la dynamique des marchés boursiers, ils sont loin de tous se valoir. Si vous cherchez un fonds pour y placer votre argent, le premier conseil que je pourrais vous donner c'est de ne pas tenir compte des publicités qui fleurissent en fin et en début d'année et qui vantent les performances exceptionnelles d'un fonds pour l'année qui vient de s'écouler. Il est très rare qu'une excellente performance se reproduise d'une année à l'autre. Et si vos choix sont influencés par ces messages, comme pour les actions, vous ne faites rien d'autre que d'essayer de prévoir l'avenir en jouant aux devinettes.

Si vous tenez à choisir vous-même votre FCP je vous recommande de privilégier les fonds dont les performances ont été les plus régulières ces dernières années et de regarder ses résultats durant les périodes de baisse. Si vous constatez qu'un fonds a progressé ou moins baissé que les autres durant la période de dégringolade de la bourse entre 2000 et 2002, ou celle de mi-2007 (crise des *subprime*), il est possible que ce fonds soit correctement géré et qu'il se révèle être un choix intéressant. Cette analyse vous donnera une idée de la compétence des gestionnaires et des performances qu'il est possible de retirer du fonds. Tout en sachant que l'avenir ne sera jamais le reflet exact du passé.

Vous pouvez également sélectionner un FCP en fonction d'un thème. Si vous vous sentez une âme écologique, vous préférerez acheter un fonds qui investit sur les entreprises qui privilégient le développement durable ou les énergies renouvelables. Vous pouvez également penser que l'eau est un excellent moyen de lutter contre la faim dans le monde et préférerez investir dans des sociétés qui travaillent dans ce secteur. Les FCP permettent aussi de sortir d'Europe en misant sur des zones géographiques comme la Chine, l'Inde, etc.

En bref, la bourse permet de concilier vos convictions, qu'elles soient morales ou capitalistiques, avec la productivité de votre argent.

Capitalisation ou distribution

Très souvent, un FCP est disponible sous deux formes : distribution ou capitalisation. Bien que ce soit les mêmes actions qui composent le fonds, la différence provient de la distribution des bénéfices des entreprises qui composent le FCP.

Pour les FCP dits de « distribution », les dividendes versés sont déduits de la valeur du fonds et perçus par le propriétaire des parts. Comme ce revenu sort du fonds, la somme sur laquelle sera calculée la performance à venir sera obligatoirement moins importante (intérêts composés). Par conséquent, votre fonds progressera moins vite puisque les dividendes ne seront pas pris en compte pour le calcul de la performance à venir.

Bien entendu, rien ne vous empêche de réinvestir ces dividendes en achetant de nouvelles parts. Mais vous aurez un impôt à payer au titre des dividendes perçus, à moins que ceux-ci ne restent dans des enveloppes fiscales prévues à cet effet (voir plus loin), sans compter les probables frais de transactions pour l'achat de nouvelles parts.

Dans le cas des fonds dits de « capitalisation », les dividendes sont automatiquement réinvestis sans que vous ayez à intervenir. Les sommes distribuées restant dans le fonds, celui-ci progressera plus rapidement. Les gains à venir étant calculés sur le cumul du capital et des dividendes, c'est le type de fonds que vous devrez utiliser pour maximiser la croissance de votre capital.

Si vous souhaitez recevoir un revenu, privilégiez les fonds de distribution. Tout en sachant que ce revenu correspondra aux dividendes versés par les entreprises, et que ceux-ci ne sont ni stables ni réguliers d'une année à l'autre. Les dirigeants des entreprises qui composent le fonds pouvant décider, en fonction de différents éléments économiques, qu'il n'y aura pas ou peu de bénéfices distribués pour cette année. Cette possibilité rend la distribution des dividendes aléatoires ainsi que le revenu que vous pouvez en espérer. Néanmoins il est pratiquement impossible que la totalité des entreprises qui composent le FCP prennent cette décision en même temps. De fait, vous toucherez toujours quelque chose.

Frais de gestion et impact sur la performance

Les frais de gestion prélevés par le gestionnaire du fonds sont un autre élément qui a son importance pour le choix d'un FCP. Ces frais de gestion ne doivent pas être confondus avec les frais de transaction, facturés par votre intermédiaire financier qui ne fait que stocker votre FCP dans ses comptes. Au premier abord, les frais de gestion sont indolores et invisibles car ils sont soustraits chaque mois au rythme de 1/12e et déduits de la performance affichée.

Toutefois, si vous hésitez entre deux FCP choisissez celui dont le gérant prélève le moins de frais de gestion, puisque ceux-ci viennent en déduction de la performance affichée. Exemple : considérons deux FCP qui gagnent chacun 10 % par an avant frais de gestion. Si le premier prélève 2,5 % et le second ne prélève que 1,5 %, au bout de 20 ans et pour 10 000 € investis le premier FCP affichera 40 545 €. Alors que son concurrent aura fait fructifier votre capital jusqu'à 49 725 €. Soit 9 180 € d'écart qui partiront dans la poche du gestionnaire ! C'est pour cette raison que la plupart des banques préfèrent vendre leurs fonds. Elles ont ainsi la possibilité d'encaisser à la fois les frais d'entrée, les frais de gestion et éventuellement les droits de garde que nous évoquerons plus loin.

C'est pour la même raison que votre banque vous demandera des frais prohibitifs pour un FCP qu'elle ne veut pas vendre. Encore une façon de vous pousser à choisir leurs produits.

Témoignage : J'ai beaucoup pensé à vous lorsque mon banquier m'a proposé un fonds de sa banque qui perdait de l'argent depuis 3 ans alors que la bourse n'avait pas arrêté de monter ! Françoise L.

Avant de me faire un ennemi à vie (votre banquier), je tiens à préciser que je ne dis pas que les fonds de votre banque sont mauvais. Je cherche seulement à vous montrer comment fonctionne le système commercial bancaire tout en vous recommandant de vérifier que le ou les fonds proposés existent depuis plusieurs années, que leurs performances sont au moins dans la moyenne et que les frais demandés sont raisonnables. Car n'oubliez pas qu'ils viendront toujours en déduction de la performance globale.

Investissez pour le long terme

Une fois votre choix fait vous devrez investir pour le long terme. C'est-à-dire pour plusieurs années et acheter régulièrement des parts de votre FCP en automatisant les versements. De cette façon, vous n'aurez plus besoin de vous en préoccuper et votre compte grossira au fil des ans.

« Que faire si la bourse descend et que mon FCP perd de la valeur ? »

Ne perdez jamais de vue que la bourse n'est que le reflet et la progression de l'économie mondiale. Celle-ci connaît régulièrement des phases d'accélération qui se traduisent par des hausses, et des phases de ralentissement matérialisées pas des baisses. Mais en partant du principe que personne ne sait ce que fera la bourse dans les mois ou semaines à venir, il faut que vous conserviez vos FCP même pendant les périodes tourmentées. Dans le cas contraire, vous ne pourrez jamais bénéficier des hausses lorsqu'elles se présenteront.

Si vous cherchez à vendre vos parts de FCP parce que vous pensez qu'ils ne peuvent plus monter ou si vous les vendez parce que vous avez peur que la bourse descende, encore une fois vous ne faites rien d'autre que d'essayer de prédire l'avenir et de spéculer sur ce que fera, peut-être, la bourse demain. Croyez-moi, vous avez peu de chances d'arriver à vos fins. La spéculation boursière est un jeu qui répond à d'autres règles qui n'ont strictement rien à voir avec l'investissement dont nous parlons aujourd'hui.

Si vous voulez investir en bourse sereinement et faire fructifier votre argent sans vous poser de questions, vous devez vous engager pour plusieurs années et ne pas vous demander ce que fera la bourse demain.

Comment investir sur les FCP ?

Pour investir en bourse simplement tout en limitant le risque, la meilleure façon de procéder est d'investir chaque mois la même somme sur le FCP que vous aurez choisi. C'est la technique du CMR pour « **C**oût **M**oyen **R**apporté ». Cette technique ne nécessite aucune compétence financière et se prête parfaitement à notre philosophie de se payer en premier. Elle a surtout l'avantage de fonctionner quel que soit l'état du marché.

Le principe est simple et repose sur le fait que les marchés ont tendance à monter dans le temps. Chaque baisse vous donnant la possibilité d'acheter et d'acquérir plus de parts de vos FCP en les payant moins chères. Ce qui démultipliera vos gains lorsque les marchés repartiront à la hausse.

Exemple : supposons que vous investissiez 1 000 € par mois sur le FCP *SuperGagnant*. Si le premier mois le prix de la part est de 20 €, vous pourrez acheter 50 parts. Le mois suivant la part est à 25 €. Vous en achetez 40, toujours pour 1 000 €. Les mois suivants les prix sont successivement de 19, 15 et 17 €. Vous achèterez respectivement 53, 67 et 59 parts. Au total, vous aurez acquis 269 parts pour un prix d'achat moyen de 19,2 € et un total investi de 5 000 €. Si le mois suivant le prix est de 21 €, votre bénéfice sera de (21 – 19,2) × 269 parts. Soit 484,2 €.

Si vous aviez investi la même somme en une seule fois, vous n'auriez acheté que 250 parts (5 000 € / 20 €) et votre gain s'élèverait à 250 €. Soit une rentabilité deux fois moindre avec 19 parts de moins. Ce qui amoindrira encore les performances à venir dès que votre FCP prendra de la valeur.

Cet exemple démontre que les baisses sont de réelles opportunités pour profiter des hausses à venir et qu'il n'est pas utile de disposer d'un capital important dès le départ pour gagner plus d'argent. Si c'était le cas, comme dans l'exemple proposé ci-dessus, fragmentez votre investissement de façon à lisser les périodes négatives plutôt que de concentrer le risque en investissant votre capital en une seule fois.

« Pourquoi ne pas utiliser le même système sur les actions ? »

Le CMR suppose que vous achetiez quelque chose qui prend de la valeur dans le temps. Dans le cas d'une action, donc d'une entreprise, pour que le CMR fonctionne celle-ci doit continuer de prospérer. Si vous n'avez pas ou peu d'assurance à ce sujet, vos efforts risquent d'être réduits à néant au cas où l'entreprise sur laquelle vous misez serait amenée à rencontrer des difficultés. Ce qui a peu de chances d'arriver dans le cas d'un FCP puisque celui-ci est composé d'actions de plusieurs dizaines d'entreprises et que le contenu peut varier en fonction des choix du gérant. Ainsi, l'action d'une entreprise en mauvaise santé sera retirée du fonds, pour éviter un impact négatif sur la valeur FCP.

Dernière information : une étude effectuée par un grand journal économique américain (*Morningstar*) vient confirmer ces évidences. Elle fait apparaître que sur les 10 dernières années, qui incluent la grande baisse de la bourse de 2000 à 2002, seulement 3,5 % des FCP ont perdu de l'argent alors que plus de 35 % des actions ont disparu ou perdu de la valeur. En termes moins mathématiques : en achetant des actions vous avez 10 fois plus de chances de perdre de l'argent qu'en achetant des parts de FCP.

Où acheter des FCP ?

Pour acheter vos FCP, vous devez obligatoirement passer par un intermédiaire financier et surtout porter votre attention aux montants et aux types de frais facturés.

Au moment de l'acquisition de vos FCP vous aurez à payer des frais de transaction appelés : droits d'entrée. À cet effet, votre banque pourra, éventuellement, vous facturer un montant fixe plus un pourcentage en fonction du montant de la transaction. Ce qui aura un impact important sur la performance. Ainsi, si vous investissez chaque mois 150 € et que les frais minimum sont de 10 €, vous finissez par payer 6,66 % de commissions. Avec ce niveau de frais un FCP qui rapporte en moyenne 10 % par an générera 58 750 € sur 15 ans pour 150 € investis mensuellement. Le même FCP avec seulement 1 % de frais fera grimper votre capital à 62 280 €. Soit une différence de 3 530 € en votre défaveur.

Autres frais à prendre en compte : les droits de garde qui sont facturés chaque année par les banques en fonction du montant des FCP détenus dans leurs comptes. À la différence des frais de gestion, qui sont intrinsèques au produit, les droits de garde sont négociables. Si je prends mon cas dans l'une de mes banques, j'ai réussi à les supprimer totalement et à les abaisser de 20 % dans mon autre banque. Encore une fois, n'hésitez pas à demander, c'est la seule façon d'avoir la réponse.

D'une manière générale, je vous invite à éplucher tous les frais liés à vos investissements, en n'oubliant jamais que les montants facturés ne sont pas garants d'une bonne performance et que les fonds marqués par les banques ne sont pas obligatoirement parmi les meilleurs.

Pour bénéficier de frais raisonnables, je vous recommande d'utiliser les courtiers en ligne. Ce sont des intermédiaires spécialisés, performants et aussi sûrs que votre banque. Ils proposent à la fois des tarifs compétitifs et une gamme étendue de FCP. Leurs sites Internet donnent également accès à des outils qui vous aideront à choisir parmi les meilleurs fonds disponibles tout en ayant la possibilité de consulter leurs performances passées.

Bien que les tarifs de ces intermédiaires soient attractifs, je vous invite à vérifier et à vous assurer que les frais facturés sont réellement compétitifs. N'hésitez pas à en consulter plusieurs et à comparer leurs tarifs. Surtout s'ils vendent les mêmes FCP.

Le but des FCP est de profiter des variations de la bourse. La finalité étant de générer des plus-values. Mais pour obtenir plus de votre argent, vous devrez tout faire pour payer le moins d'impôts possibles. Ceux-ci venant obligatoirement en déduction de la performance finale. C'est ce que nous verrons dans le prochain chapitre. Nous découvrirons aussi comment vous pouvez obtenir un compte rémunéré à 5 % et comment placer votre argent en fonction de votre âge et de vos besoins à venir. Pour finir, nous verrons comment votre employeur peut faire fructifier votre argent à 11 % par an.

Chapitre 10
OÙ LOGER VOTRE ARGENT POUR PAYER MOINS D'IMPÔTS ?

Il existe plusieurs possibilités pour loger votre argent. Pour déterminer celle qui vous convient le mieux vous devrez tenir compte de votre situation professionnelle, de votre âge et de vos objectifs à court, moyen et long terme, afin de payer le moins d'impôts possible et protéger vos actifs.

Compte-titres

La première possibilité est le compte-titres que nous avons évoqué pour les SICAV monétaires. C'est un excellent support pour vos FCP à condition que vous soyez sûre de ne pas avoir besoin de plus de 25 000 € pour financer un achat important comme l'acquisition d'un appartement. Au-delà de ce seuil vous serez imposée sur la plus value réalisée et la CSG. Le cas échéant rien ne vous empêche de vendre 25 000 € le 31 décembre et de nouveau 25 000 € le 1er janvier, pour atteindre 50 000 € sur une période courte et échapper légalement à l'impôt.

Autre information : au bout de 8 ans de détention, vous pourrez vendre vos FCP librement sans aucune contrainte de montant et sans être imposée sur la plus-value. En contrepartie, vous aurez à payer la CSG sur le montant de vos plus values.

Le PEA

La 2e possibilité est d'ouvrir un PEA (**P**lan d'**É**pargne en **A**ctions). Comme son nom ne l'indique pas, il offre la possibilité de stocker des parts de FCP tout en bénéficiant d'une exonération des plus-values à la sortie (toujours pas de la CSG). À condition toutefois que votre plan ait au moins 5 ans. Au terme vous pourrez disposer des fonds sous forme de capital ou de rente. Attention : vous ne pouvez pas loger n'importe quel FCP dans un PEA. Ceux-ci doivent présenter certains critères qui sont indiqués par le vendeur du FCP. En revanche, pour un compte-titres vous pourrez acheter n'importe quel fonds.

L'assurance Vie

La 3e alternative est le contrat d'Assurance Vie multi support. À ne pas confondre avec l'assurance décès où les souscriptions sont à fonds perdus et qui ne peut être activée qu'en cas de décès du souscripteur. En revanche, pour ces deux types de contrat, assurance vie et assurance décès, en cas de disparition du propriétaire, le capital accumulé ou la rente reviendra au(x) bénéficiaire(s) qui aura été désigné par le propriétaire du contrat.

La philosophie et les règles de désignation des bénéficiaires sont identiques. C'est-à-dire que la personne désignée doit être celle qui pâtira le plus du départ de l'autre. La seule différence avec les assurances pures c'est qu'ici le souscripteur épargne et capitalise directement pour son propre compte. Donc, si vous êtes mariée et que votre retraite est faible, vous avez intérêt à être désignée comme bénéficiaire unique ou principale d'un contrat établi par votre mari. Si vous élevez seule vos enfants, ce sont eux qui doivent être désignés comme bénéficiaires.

Attention : évitez les désignations flous du type « mon mari » ou « mes enfants » et indiquez nominativement les personnes à qui vous pensez réellement. Car si vous avez indiqué « mon mari » et que vous vous remariez, peut-être que vous ne souhaiterez pas que votre ancien compagnon profite de ce contrat…

L'Assurance Vie multi support permet de stocker vos FCP avec moins de contraintes qu'un PEA. Ainsi, vous vous apercevrez que le prix d'une part de FCP peut-être de l'ordre de plusieurs centaines d'euros. Dans le cadre d'un contrat d'assurance vie, vous n'avez pas à vous soucier de cet aspect et vous pouvez parfaitement acheter 150 € d'un FCP dont le prix de la part est de 300 €. Ce qui n'est pas vrai pour un PEA ou un compte-titres, où vous devez acheter un nombre entier de parts.

Il existe un autre type de contrat d'Assurance Vie que l'on appelle contrat mono support qui, comme son nom l'indique, permet de loger un seul produit financier que l'on appelle fonds Euros. Ces fonds sont généralement constitués d'obligations[1] qui garantissent votre capital et les intérêts par un mécanisme appelé « effet de cliquet » qui bloque définitivement chaque intérêt produit.

Bien que ce type de contrat soit le plus utilisé c'est aussi celui qui rapporte le moins. Je m'explique : les contrats d'assurance vie permettent que les gains produits par votre épargne ne soient pas imposés, sauf pour la CSG. Mais il faut savoir que dans le cadre d'un contrat mono support la CSG est prélevée chaque année à l'intérieur même du contrat et directement sur le rendement.

Mais ce que peu de personnes savent, c'est qu'il est possible d'utiliser un multi support comme un contrat mono support et d'y loger uniquement le fonds euros. À la différence que la CSG ne sera prélevée qu'en cas de retrait total ou partiel des sommes épargnées et jamais dans le cas où le contenu du contrat viendrait à être transféré au(x) bénéficiaire(s) désigné(s). Si bien qu'un fonds euros sans risque qui rapporte 5 % par an sur un multi support, ne produira que 4,45 % sur un contrat mono support. Soit un ren-

1. Un peu d'éducation financière : les obligations sont émises aussi bien par des États que des entreprises qui cherchent à collecter des capitaux. Ces emprunts obligataires ont une durée de vie limitée au cours de laquelle le souscripteur reçoit un intérêt régulier : le coupon. Le capital étant remboursé en totalité à la date d'échéance.

dement amélioré de 12,3 % par rapport à 4,45 %. C'est-à-dire que si vous possédez un contrat mono support qui ne rapporte que 4,45 % vous pourriez obtenir 5 % en changeant pour un multi support.

Dans la pratique, sur 8 ans (durée minimum d'un contrat pour bénéficier de ses avantages) 10 000 € placés à 4,45 % sur un contrat mono support deviennent 15 604 €. Dans le cadre d'un contrat multi support vous en retirerez 16 289 €. Pour cette première raison, il est préférable de préférer un contrat multi support.

Ensuite, un contrat multi support autorise l'arbitrage. C'est-à-dire qu'à n'importe quel moment vous avez la possibilité de privilégier un véhicule financier ou de répartir votre épargne entre plusieurs supports comme les FCP et le fonds euros. Cet aspect est important car il permet d'optimiser le contenu de votre contrat en fonction de vos objectifs et de votre âge. C'est ce que nous verrons plus loin.

Utiliser son contrat d'assurance vie comme un compte rémunéré à 5 %

Arrivé à maturité, votre contrat d'Assurance Vie vous permet de déposer et surtout de retirer vos fonds librement sans pour autant résilier votre contrat. Ainsi, si votre Assurance Vie rapporte 5 % en 2008 et que vous y déposez une somme pour quelques mois, c'est à ce taux annuel que votre argent sera rémunéré. Soit plus que votre livret d'épargne ou les SICAV monétaires. Toujours sans payer d'impôts sur la plus-value réalisée, mais moins la CSG et sans les contraintes de dépôt maximum des livrets d'épargne ou du montant limite de cession de 25 000 € du compte-titres. Vous pourrez ainsi y placer votre épargne de sécurité et profiter d'un meilleur rendement.

Toutefois, cette possibilité n'est intéressante que si l'organisme qui détient votre Assurance Vie ne facture aucun frais d'entrée sur vos dépôts. Dans le cas contraire, ceux-ci viendront en diminution de la rentabilité de votre épargne court terme. Il faut noter qu'il peut y avoir un délai entre le moment où vous demanderez à disposer des fonds et le moment où ils seront disponibles.

Un conseil : si vous n'avez pas de contrat d'assurance vie, souscrivez dès aujourd'hui. Dans la plupart des cas on vous demandera seulement de mettre une somme minime au départ. En prenant date dès maintenant, même si vous ne l'utilisez que dans deux ans, vous n'aurez plus qu'à attendre six ans pour profiter de ses avantages.

Autre chose : peut-être que l'établissement financier où vous ouvrirez votre contrat d'assurance vie vous demandera de verser une somme minimum chaque mois. Cette barrière est uniquement commerciale afin de récolter un maximum de fonds. Si vous vous retrouvez dans ce cas de figure n'hésitez pas à dire « oui » de toute bonne foi. Même si vous rencontrez des problèmes qui vous empêcheront de continuer vos versements réguliers, personne ne viendra fermer votre contrat.

Où souscrire votre contrat d'Assurance Vie ?

Au moment de l'ouverture de votre contrat faites très attention aux frais que vous facturera votre établissement financier. Les banques et les assureurs ont pris la bonne habitude (pour eux) de prélever des droits d'entrée qui évoluent souvent entre 2 % à 4 % pour chaque versement effectué. Si vous avez un contrat depuis plusieurs années, je vous invite à le vérifier en relisant votre formulaire d'ouverture. Dans la pratique, si vous payez 4 % à chaque versement et que votre contrat en rapporte autant chaque année, votre argent ne produira rien (pour vous) avant 1 an.

Certaines banques ont aussi l'habitude de facturer des frais fixes qui peuvent avoir un impact important. Ainsi, j'ai vu une banque prélever systématiquement 7 € à une personne qui déposait 50 € par mois sur son contrat. Ce qui revenait à payer 14 % de droits d'entrée pour un contrat qui ne produisait que 3,7 % par an ! En d'autres termes, son épargne ne lui rapportait rien avant 4 ans. À ce tarif, il est préférable de déposer ses fonds sur un simple livret d'épargne. Vérifiez aussi le taux servi par votre dépositaire. Légalement, celui-ci ne peut être inférieur à 3,5 %. Certains ne se gênent pas pour ne pas vous donner beaucoup plus.

Si vous êtes dans l'un de ces cas de figure, et étant donné que les contrats d'assurance vie ne sont pas transférables d'un établissement financier à un autre, stoppez vos versements et souscrivez à un nouveau contrat. Vous pouvez en ouvrir autant que le souhaitez. Le contrat en cours continuera à produire des intérêts mais vos nouveaux versements seront plus productifs ailleurs.

Votre 5e garde du corps

Un dernier avantage de l'Assurance Vie est la protection de votre capital. Je ne parle pas de sa valorisation mais de sa sécurité. Il faut savoir que tout le capital détenu à l'intérieur d'un contrat d'Assurance Vie ne peut être saisi par un tiers.

Supposons que vous soyez à votre compte et amenée à faire faillite. Que ce soit le fisc ou n'importe quel autre créancier, aucun d'eux ne pourra saisir votre contrat d'Assurance Vie pour se rembourser des dettes éventuelles. Ce qui n'est pas vrai si votre argent est simplement déposé sur votre compte en banque. Donc saisissable. Bien sûr, cette possibilité n'existe que si vous n'avez pas mis délibérément votre contrat en garantie de dettes éventuelles comme un nantissement dans le cadre d'un prêt *In Fine.*

Le PEE ou comment faire fructifier votre argent à 11 %

Il existe une 4e possibilité pour loger et faire fructifier votre argent à des taux intéressants et surtout sans risque. C'est le PEE : **P**lan d'**É**pargne **E**ntreprise.

Sa fonction première est de permettre aux salariés de se constituer une épargne sans que celle-ci soit amputée de l'impôt, ni des charges sociales (sauf CSG/CRDS).

Le **PEE** est un système d'épargne collective et facultative, pouvant être constitué dans toute société, quelle que soit sa taille, à l'initiative de l'employeur ou en vertu d'accords établis avec le personnel ou ses représentants.

Son fonctionnement est simple : l'entreprise verse une partie des bénéfices ou une prime à l'ensemble des salariés qui sera investie, dans le cadre du PEE, sur des FCPE, pour **F**onds **C**ommuns de **P**lacement **E**ntreprise, qui peuvent être composés d'actions et/ou d'obligations.

Le propriétaire du PEE a la possibilité d'effectuer des versements volontaires jusqu'à 25 % de son salaire. De son coté l'entreprise peut, mais sans obligation, compléter les versements de l'épargnant jusqu'à 300 % (appelé abondement) dans la limite de 2 662 € (pour 2008). Cet aspect est très important car il permet de décupler la rentabilité de votre épargne. Exemple : disons que vous vous payez en premier sur votre PEE à hauteur de 180 € par mois en utilisant des FCPE obligataires ou monétaires qui rapportent 4 % par an. Si votre employeur complète votre épargne pour moitié, par le jeu des intérêts composés, au bout de 10 ans le rendement de votre PEE sera de 11 % pour toutes les sommes que vous y verserez dès aujourd'hui !

Témoignage : Je travaille dans une grande banque depuis de nombreuses années et mon employeur complète mes versements jusqu'à 150 € par mois. Ce qui me permet de faire fructifier mon épargne plus rapidement pour payer mon appartement plus vite. Je conseille à tous les jeunes qui rentrent dans la banque d'utiliser leur PEE au maximum. (Catherine C.)

Pour utiliser le PEE dans les meilleures conditions et au mieux de vos intérêts, vous devrez absolument vérifier deux points :

1) Que vous bénéficiez, ou votre mari, d'un PEE. C'est obligatoire pour toutes les entreprises au-dessus de 50 salariés. Pour information, près de 9 millions de Français possèdent un PEE et de nouvelles dispositions gouvernementales sont à l'étude (au moment où j'écris ces lignes) pour encourager les entreprises à développer ce type d'épargne.

2) Le niveau d'abondement prévu par votre employeur sur vos versements volontaires. C'est-à-dire le montant que versera votre employeur sur votre PEE en complément de chaque euro que vous y déposerez. En sachant que l'abondement n'est pas obligatoire. Votre employeur peut parfaitement choisir de ne verser que la participation aux résultats de l'entreprise. Un point très intéressant et important : tous les frais attenants à l'utilisation de votre PEE sont pris en charge par votre employeur. Par conséquent, cette épargne ne vous coutera strictement aucun frais, ce qui n'est pas obligatoirement vrai pour la souscription à des FCP.

Petite contrainte : les sommes versées dans le PEE ne sont disponibles qu'au bout de cinq ans sauf en cas de force majeure comme une mise au chômage, mais aussi achat de la résidence principale, création d'entreprise, etc. Ainsi, vous pourrez utiliser votre PEE pour stocker l'épargne d'attente que vous aurez constituée tout en profitant d'un rendement plus important et disposer des fonds en cas de coups durs.

Dernier avantage du PEE, il permet d'investir en bourse avec un risque très limité. Plusieurs possibilités : certaines entreprises versent la participation aux résultats sous forme d'actions de l'entreprise elle-même ou de FCPE investis en bourse. Dans ce premier cas votre risque est nul puisque vous n'avez rien mis de votre poche.

Ensuite, vient le cas où votre employeur abonde à vos versements volontaires. C'est-à-dire qu'il complète vos versements en fonction d'un pourcentage qui aura été déterminé au préalable avec les partenaires sociaux. Disons qu'il le fait à hauteur de 100 % de vos dépôts. Pour que vous commenciez à perdre de l'argent, il faut que les actions ou les FCPE concernés perdent plus de 50 % de leur valeur. Ce qui vous laisse une marge de manoeuvre importante, *a fortiori* si vous utilisez la technique du CMR qui permet de réduire fortement votre risque en répartissant vos engagements dans le temps.

Enrichissez-vous en famille

Il existe beaucoup d'entreprises où les seuls salariés sont le mari et sa femme. Si vous êtes dans ce cas, et si vous êtes salariée de l'entreprise, vous aurez tout intérêt à développer ce type d'épargne.

Comme nous l'avons vu plus haut, le montant reçu dans le PEE échappe à l'impôt. Mais en tant que propriétaire de votre entreprise vous échappez, le plus légalement du monde, à l'autre taxation qui concerne les bénéfices de l'entreprise, car toutes les sommes distribuées dans le cadre du PEE sont déductibles de la base imposable prise en compte pour la taxation des bénéfices. De plus, comme vous pouvez déterminer plus facilement le niveau d'abondement qui complète l'épargne du salarié, vous aurez tout intérêt à abonder au maximum pour profiter l'effet de levier procuré par le double versement (salarié et employeur) tout en diminuant l'impôt de la société et la taxation des revenus de la famille.

Répartissez correctement votre épargne

Si nous nous en tenons aux statistiques des 40 dernières années la bourse gagne en moyenne plus de 10 % par an. Ce qui explique que des FCP de bonne qualité rapportent 12 à 15 % par an, en sachant que certaines années sont négatives et d'autres positives.

Dans l'absolu, pour obtenir les rendements maximum, vous devez placer tout votre argent sur un ou plusieurs FCP. Mais je vous déconseille fortement de le faire. En tout cas pas avant d'avoir pris en compte différents éléments de votre vie comme votre âge, votre situation, vos autres investissements et surtout votre psychologie.

Tout d'abord, si vous n'aimez vraiment pas la bourse, si elle vous fait peur, si vous y êtes totalement réfractaire, je pense que c'est une très mauvaise idée d'y investir votre argent. Vous y gagnerez plus d'angoisses que de plus-values. Mais je pense que ce serait une erreur de ne pas y placer au moins une partie de vos économies.

« D'accord mais le risque est toujours présent quelle que soit la somme investie. »

Pas obligatoirement. Tout dépend de la façon dont vous placerez votre argent. Chaque fois que vous investissez un centime en bourse, par l'intermédiaire d'un FCP, il existe un risque de dépréciation de votre actif mais jamais de perte totale puisqu'à l'intérieur du fonds les risques sont gérés et répartis. Ce qui n'est pas vrai avec les actions où le risque est lié à l'existence de l'entreprise. Si celle-ci dépose son bilan, vos actions ne vaudront plus rien. Alors que pour un FCP il faudrait que toutes les entreprises ferment boutique en même temps.

Ce paramètre à toute son importance car il vous permettra d'investir en éliminant fortement le risque de perte. C'est-à-dire que si vous suivez la stratégie que je vais vous décrire vous pourrez investir votre argent en bourse sans perdre d'argent.

Comment investir en bourse sans perdre un centime ?

Cette stratégie est simple à mettre en œuvre. Elle ne demande aucune compétence technique et vous devrez l'utiliser une seule fois par an. Pour placer votre argent en bourse sans risque; vous devrez ouvrir un contrat d'assurance vie multi support et investir sur le fonds euros. En fin d'année, vous n'investirez en FCP que les gains générés par le fonds euros. De cette façon, vous ne pourrez jamais perdre d'argent et dynamiserez votre assurance vie.

Pour simplifier les choses, vous pouvez demander au gestionnaire de votre contrat de répartir vos versements en mettant 10 % de la somme investie chaque mois sur le FCP. Même si le pourcentage réservé au FCP est plus élevé, le résultat sera pratiquement identique. À la différence que le processus sera complètement automatisé et que vous n'aurez pas à vous rappeler que vous devrez acheter des FCP en fin d'année avec les gains dégagés sur le fonds euros.

La finalité de cette stratégie est de vous aider à investir en bourse sans prendre de risque tout en vous habituant à ses variations. Par la suite, lorsque vous prendrez confiance et que vous découvrirez que la bourse peut être un excellent placement, vous pourrez augmenter la partie réservée au FCP.

La formule magique pour votre épargne

Cette répartition entre le fonds euros et le FCP est raisonnable et ne dépend pas de votre âge. Pourtant ce dernier à une grande importance et doit être pris en compte pour un placement optimisé de votre épargne.

D'une manière générale, plus vous êtes jeune plus vous devrez miser sur la croissance de votre capital en investissant au maximum sur les FCP. Ce qui veut dire que pour vos enfants vous aurez intérêt à investir leurs économies en bourse.

Pour savoir comment rendre vos enfants millionnaires, téléchargez gratuitement le chapitre « Tous vos enfants méritent d'être riches » à : www.toutlemondemeritedetreriche.com/envoi_infos/tlf.htm).

En revanche, plus vous vous approcherez de la retraite ou du moment où vous souhaiterez vivre de vos rentes, plus vous devrez consolider les revenus issus de votre capital en misant sur le fonds euros de votre contrat d'assurance vie ou les SICAV monétaires.

Je vais vous donner une formule très simple à appliquer pour déterminer le pourcentage que vous devez dédier aux FCP. Il suffit de prendre deux fois la différence entre votre âge actuel et l'âge de la retraite. Si vous avez 40 ans aujourd'hui et que vous espérez prendre votre retraite à 62 ans, le pourcentage de votre épargne qui doit être réservé aux FCP est de (62 – 40) × 2. Soit 44 %. Le jour de vos 50 ans ce pourcentage passera à 24 %. Pour se réduire à 4 ou 5 % le jour de vos 60 ans. En ce qui concerne la fréquence des réajustements, il n'est pas utile de le faire chaque année. Une fois tous les cinq ans suffira amplement.

Pour finir, certains intermédiaires financiers proposent des formules d'investissement prêtes à l'emploi. Les terminologies les plus souvent employées sont « prudent », « équilibré » ou « dynamique ». La première est souvent peu chargée en FCP, alors qu'ils peuvent représenter la totalité de l'investissement dans la formule dynamique. Dans tous les cas, ces « prêts à investir » peuvent être utilisées en substitut. Il vous suffira de calculer la répartition à l'aide de notre équation, de comparer avec la répartition proposée par votre intermédiaire financier et de choisir la plus approchante.

Vous voyez, rendre son argent plus productif qu'un livret d'épargne n'est pas difficile et, encore une fois, cela relève essentiellement d'une éducation financière accessible à toutes et d'un peu de motivation. Bien entendu, la taille de votre fortune sera aussi fonction de la somme que vous investirez, et vous comprendrez facilement que plus vous investirez, plus rapidement votre fortune se matérialisera. C'est pour cette raison que je vous propose de regarder comment vous pouvez gagner plus d'argent, et pas toujours en travaillant plus.

Chapitre 11
COMMENT AVOIR PLUS D'ARGENT ?

Il y a quelques années j'étais avec un ami qui dirigeait une société d'informatique d'une cinquantaine de personnes. Alain était débordé de travail, son assistante venait de partir en congé maternité et il devait recruter rapidement une remplaçante sous peine de dépression imminente. Les qualités requises pour le poste étaient classiques pour une assistante de direction et le salaire supérieur à la moyenne. Ce qui attira un bon nombre de postulantes.

Alain interviewa les différentes candidates et leur fit passer un test classique de rédaction de courrier. Toutes s'affranchirent de ce test sans encombre sauf une, Agnès, qui visiblement n'avait jamais tapé sur un clavier d'ordinateur. Lorsqu'Alain lui demandât si elle était sûre d'avoir les compétences requises pour le poste, Agnès ne se démonta pas et rétorqua qu'elle avait passé au moins 20 tests du même type ces trois derniers jours et qu'elle avait vraiment trop mal aux poignets mais que s'il le souhaitait elle pourrait lui présenter ses diplômes… une fois qu'elle aurait été embauchée !

Séduit par son aplomb et sa capacité à rebondir Alain lui proposa un poste dans l'entreprise, mais comme commerciale, estimant que celle-ci brillerait plus et utiliserait facilement ses capacités pour vendre plutôt qu'à taper des courriers.

Alain avait eu raison. Trois ans plus tard, Agnès était devenue la directrice commerciale de l'entreprise. Elle gérait une trentaine de commerciaux et gagnait plus 100 000 € par an ! Par la suite, nous sommes devenus amis et j'eus l'occasion de lui reparler de l'histoire de son embauche. Je lui racontais que nous avions beaucoup ri à son sujet.

Agnès me confia la chose suivante : *« À l'époque, les choses allaient très mal dans mon couple. Je voulais divorcer mais mon mari était le seul à travailler. J'étais financièrement dépendante et prise au piège du confort dans lequel je m'étais installée ces 10 dernières années. Pour reprendre ma liberté, il fallait absolument que je trouve du travail au plus vite. Le problème, avec deux enfants à charge, mes (non) diplômes et mon inexpérience du monde du travail ne me donnaient accès qu'à des salaires que je ne pouvais pas me permettre d'accepter. En y allant au culot, j'avais beaucoup plus à gagner qu'à perdre. Je pense d'ailleurs que c'est ma situation familiale qui m'a le plus motivée à chercher un job bien payé. Sans compter que si je ne postulais pas pour des postes mieux payés, je ne risquai pas d'en décrocher. »*

Les conclusions de cette anecdote sont multiples. La plus importante, et la plus déterminante pour l'avenir de chacun d'entre nous, est que si vous n'essayez pas d'avoir plus ou si vous ne demandez pas plus vous n'aurez que ce que les autres sont prêt à vous donner.

D'une manière générale, en forçant le destin, vous avez plus à gagner qu'à perdre. D'un autre côté, si vous ne demandez rien je peux vous assurer que vous n'aurez pas grand-chose, car dans la vie nous obtenons plus facilement ce que nous demandons que ce que nous méritons.

Dans la vie,
vous obtenez rarement ce que vous méritez,
mais plus facilement ce que vous demandez.

Il en est de même pour votre argent. Mieux vous saurez l'utiliser, plus vous pourrez lui demander et plus il vous apportera. Dans la plupart des cas, il vous suffira d'oser pour avoir. Mais si vous restez dans votre coquille et que vous vous contentez de ce que vous avez, vous n'aurez que ce que les autres vous laisseront. C'est à la fois aussi simple et cruel que cela.

Revenus et qualité de vie

Votre situation personnelle et vos revenus sont intimement liés. Quelle que soit leur provenance, ils conditionnent votre qualité de vie matérielle et psychologique.

Si votre revenu principal provient de votre activité professionnelle, plus vous serez capable d'augmenter vos revenus plus vous améliorerez votre qualité de vie et celles de vos proches. Par conséquent, et même si jusqu'ici nous avons privilégié une bonne gestion de vos ressources, les décisions et les actions que vous entreprendrez doivent aller à la conquête de compléments ou de nouveaux revenus. Soit en vous faisant payer pour ce que vous valez vraiment, soit en essayant d'en avoir plus pour votre argent.

Pourquoi vous n'avez pas plus

Nous avons tous la possibilité d'avoir plus de choses dans notre vie. Y compris de notre argent. Souvent il suffit juste de demander et de négocier pour obtenir un avantage, une augmentation ou payer un produit moins cher. C'est une autre façon d'obtenir plus de choses de la vie. Pourtant, peu de femmes le font. Les excuses les plus fréquentes étant :

- **« Je n'ai pas l'habitude » ou « je ne sais pas comment faire ».** Si vous avez des problèmes à ce sujet, venez à mon séminaire et je vous promets que j'ai une phrase qui fera sauter tous vos blocages. Prenez la bonne habitude de demander plus. Encore une fois, vous avez plus à gagner qu'à perdre et si vous ne demandez rien vous n'aurez pas grand-chose.

- **« Je ne savais pas que l'on pouvait le faire ».** Honnêtement pensez-vous vraiment qu'un vendeur vous dira *« Je vous donne un prix mais si vous me le demandez je vous en donnerai un autre plus bas ! »*. Vous ne saurez jamais ce qu'il y a dans la tête de votre interlocuteur. Vous ne connaissez pas les raisons pour lesquelles il a besoin de vendre et les éventuelles concessions qu'il est prêt à faire. Donc demandez. Je ne peux pas vous garantir que vous arriverez à vos fins à tous les coups. En revanche, je peux vous garantir à 100 % que si vous ne posez pas la question, vous ne connaîtrez jamais la réponse. Et si vous ne demandez pas vous ne saurez jamais ce que vous auriez pu avoir.

Si vous ne posez pas la question, vous ne connaîtrez jamais la réponse, et ne saurez jamais ce que vous auriez pu avoir.

- **« Pas besoin de demander. Je suis sûre que cela ne marchera pas ».** La crainte d'essuyer un refus ne nous encourage pas à demander de peur de mettre à jour quelques imperfections de l'image que nous souhaitons afficher. Personne n'aime échouer. Mais si vous partez perdante avant d'avoir essayé et que vous vous trouvez des excuses pour ne rien demander vous avez beaucoup moins de chances d'arriver à vos fins. Ayez le courage de demander et vous obtiendrez plus de choses de la vie.

Osez demander et vous obtiendrez plus de la vie.

- **« Super. Je peux me le payer ».** Une raison pour laquelle beaucoup de femmes ne demandent pas de prix : elles ont assez d'argent pour payer ! Elles ne se posent même pas la question de savoir si elles pourraient payer moins cher et en avoir un peu plus pour leur argent simplement parce qu'elles peuvent payer ou que cela leur évite de demander et d'essuyer un refus.

- **Par peur de passer pour quelqu'un que nous ne sommes pas.** Le regard des autres est important et personne n'aime passer pour avare ou cupide. Mais gérer, protéger son argent ou essayer d'en obtenir plus n'a rien à voir avec l'avarice. Si le vendeur vous donne un meilleur prix c'est parce qu'il veut bien vous le donner. Il ne se pose pas ce genre de questions. Son but est de vendre son produit. Il vous aura oublié dès vous aurez passé la porte du magasin.

- **« Ce n'est pas mon argent ».** Je sais que je vais choquer certaines d'entre vous avec cette déclaration, mais je prends le risque. Certaines femmes ne cherchent pas à en avoir plus pour leur argent parce que ce n'est pas elles qui le gagnent. Il est évident que si vous ne gagnez pas votre argent vous ne lui donnez pas la même valeur et vous le dépenserez plus facilement. C'est pour cette raison que beaucoup d'hommes disent que les femmes ne savent que dépenser. Pour essayer de me rattraper, et ne pas me faire que des ennemies, je dirais que cette remarque est aussi valable pour les hommes.

Comment obtenir ce que vous voulez

Obtenir est une forme de récompense et de réussite qui permet de forger et de consolider sa propre estime de soi. Plus vous obtiendrez de choses, plus vous favoriserez votre ego et plus vous renforcerez votre confiance. Exemple : si vous obtenez une augmentation vous serez contente de vous, non parce que cette augmentation représentera une victoire mais aussi parce que vous savez que vous êtes capable d'obtenir plus de choses de votre travail. Mais encore faut-il arriver à ses fins et savoir mettre les formes.

Le résultat d'une négociation est le fruit de relations humaines et d'une certaine forme de séduction. Surtout lorsqu'il s'agit d'une relation homme/femme. C'est pour cette raison que le sourire d'une femme aura plus d'effet sur un homme et qu'une blonde aura plus de succès qu'une brune (rassurez-vous les brunes ne comptent pas pour des prunes ☺).

Anecdote : un reportage sur les blondes sous forme de caméra cachée montrait une complice blonde traînant deux énormes valises. Huit fois sur dix un chevalier servant vint lui porter secours dans les trois minutes. L'expérience fût répétée avec une brune. Celle-ci dut attendre plus de dix minutes pour que seulement deux personnes, dont une femme, lui viennent en aide.

Je sais que cela semble réducteur et un peu machiste, mais c'est la réalité. Par conséquent si vous essayez de négocier le prix d'une voiture ou d'un réfrigérateur n'hésitez pas à sourire. Si vous avez besoin d'être convaincue, rappelez-vous la dernière fois que vous êtes allée au restaurant et que le serveur, ou la serveuse, vous jetait le plat sur la table sans amabilité. Aviez-vous envie de lui laisser un pourboire ?

Soyez aimable, ouverte, chaleureuse et vous arriverez à vos fins plus facilement. Soyez hautaine, distante, méprisante, agressive, insistante et je peux vous assurer que vous n'obtiendrez pas grand-chose et que vous passerez pour l'enquiquineuse que vous n'êtes pas. Etre agréable ne vous engage à rien et vous fera économiser des centaines d'euros qui seront toujours mieux utilisés pour faire plaisir à vos enfants ou vous-même.

Ce que vous obtiendrez dépend aussi de l'image et des messages que vous envoyez. Pour obtenir une augmentation, ou si vous postulez pour un emploi, vous devrez envoyer une image de sérieux et de fiabilité. Si vous y allez les mains dans les poches et sans conviction, il y a peu de chances que vous marquiez les esprits et que vous obteniez ce que vous souhaitez.

Gardez toujours une attitude positive et ne vous découragez pas au premier refus. Tenter sa chance n'implique pas une réponse obligatoirement positive de votre interlocuteur et vous ne saurez jamais à l'avance si votre demande sera satisfaite. Pour cette raison vous devrez prendre l'habitude de demander systématiquement. Sinon, vous risquez de manquer la bonne occasion.

Je sais que ces recommandations relèvent essentiellement du bon sens et de la politesse. Elles sont tellement évidentes que vous ne les prendrez peut-être pas en compte. Pourtant si elles vous permettent d'économiser ou d'obtenir l'équivalent d'un paquet de cigarettes par jour, soit 5 à 6 €, c'est le prix d'une maison que vous pourrez obtenir (revoir le chapitre 3) !

Vous valez beaucoup plus que vous ne le pensez

Que feriez-vous d'une augmentation de 10, 20 ou même 30 % ? Envisagerez-vous de déménager pour vous installer dans une maison avec un jardin pour vos enfants, capitaliserez-vous davantage pour arrêter de travailler plus tôt, lancerez-vous votre entreprise, voyagerez-vous plus souvent ?

Quelle que soit l'utilisation de votre augmentation, celle-ci aura un impact sur votre vie et vous donnera accès à plus de sécurité et de plaisirs. Encore faut-il que vous alliez « chercher » cette augmentation et faire ce qu'il faut pour l'obtenir.

D'une manière générale la plupart des femmes ne sont pas payées à leur juste valeur, et je suis profondément convaincu que beaucoup d'entre elles pourraient gagner au moins 10 % de plus si elles s'occupaient un peu plus de leur carrière, donc de leurs revenus.

L'une des raisons majeures est qu'elles ne donnent pas assez de valeur à leur propre travail ou qu'elles sont incapables de la mettre en évidence. Pourtant, si vous êtes capable de démontrer que vous avez de la valeur et si vous savez la vendre à votre actuel ou à votre futur employeur, inévitablement, vous augmenterez vos revenus et assurerez votre avenir plus facilement en atteignant vos objectifs plus rapidement.

Quelques conseils pour avoir plus

Essayer d'avoir plus de choses dans sa vie relève d'attitudes et de comportements que vous devrez adopter pour à la fois augmenter vos revenus et profiter un peu plus de la vie. Les recommandations qui suivent ne concernent pas uniquement ce que vous pourriez gagner. Ils sont surtout le reflet d'une certaine philosophie qui vous aidera à jouer un rôle actif dans vos choix de vie et à prendre des décisions qui iront dans le sens de votre épanouissement personnel et financier.

Conseil n° 1 : donnez et vous recevrez

Vous voulez gagner plus ? Alors donnez plus de vous-même. Beaucoup de personnes, hommes ou femmes, ne trouvent ou ne cherchent aucun plaisir dans leur travail. Elles se contentent du « minimum syndical » en oubliant qu'elles travaillent d'abord pour elles avant de travailler pour un patron. Au final elles viennent au bureau simplement parce qu'elles y sont obligées et ne voient que le mauvais côté des choses. Plus elles se comportent de la sorte, moins elles ont envie de travailler et moins elles en font. Les conséquences sont inévitables : non seulement elles sont les dernières servies pour les augmentations mais aussi les premières dont on se sépare si l'entreprise traverse une période difficile.

Votre attitude est importante et déterminante pour votre avenir. Soyez assurée que vous ne deviendrez jamais indispensable à votre entreprise si vous travaillez moins que les autres. Moins vous donnerez de vous-même, moins vous recevrez. Cette règle est immuable et s'applique à tous les domaines.

Donnez le meilleur et vous recevrez beaucoup plus que vous ne le pensez. Vous aurez la satisfaction d'apporter plus de choses, ce qui développera un sentiment de satisfaction personnelle (nous ne sommes jamais satisfaits de ce que nous faisons mal, car c'est le reflet d'un mauvais état d'esprit) et vous mettra en bonne place au moment des augmentations et des promotions.

Si vous êtes à votre compte ou payée à la commission : donnez plus à vos clients et ils feront toujours appel à vos services. Ce qui consolidera et développera vos revenus.

Conseil n° 2 : n'acceptez pas d'être sous-payée

Il est de notoriété public que les femmes sont moins payées que les hommes. Sans revenir sur les raisons qui nous ont amené à ce constat, il y en a une que nous n'avons pas évoquée : les hommes sont plus agressifs dans leur demande de salaire. Les femmes, plus consensuelles, chercheront plus souvent à arrondir les angles surtout si leur salaire est synonyme de liberté vis-à-vis d'un conjoint ou de sécurité pour leurs proches. Ce qui les conduira à accepter plus facilement d'être moins bien rémunérées. La vérité est que vous gagnez uniquement ce que vous acceptez de gagner.

**Vous gagnez
ce que vous avez accepté de gagner !**

Bien entendu, toutes les situations sont différentes. Mais être plus exigeante pour vous-même vous aidera à gagner plus tout en faisant grandir votre estime personnelle. Et l'un des meilleurs moyens d'être payée plus c'est sans aucun doute de se payer en premier.

Suivez mon raisonnement : si êtes à la recherche d'un emploi avec peu ou pas d'épargne d'avance, vous serez fragilisée par votre situation financière et aurez tendance à faire plus de concessions pour trouver un emploi plus rapidement. En revanche, si vous avez de quoi « voir venir » vous vous donnez la possibilité d'être plus exigeante et de trouver un emploi mieux rémunéré. Conclusion : donnez-vous les moyens d'être exigeante et décidez d'accepter plus.

Conseil n° 3 : n'hésitez pas à demander une augmentation

Lorsque vient le moment de demander une augmentation ou lorsque vous essayez de vendre un produit ou un service à un client, le principal problème que rencontrent les femmes est leur tendance à être trop compréhensive. Cette « gentille » nature les conduit encore une fois à privilégier les autres au lieu d'elle-même. Y compris celui qui les paye : leur patron.

Même si vous adorez la société pour laquelle vous travaillez, expliquez-moi pourquoi vous ne seriez pas payée à votre juste valeur ? Pourquoi devriez-vous accepter moins que vous ne méritez ?

Croyez-vous que vous serez moins considérée parce que vous gagnez 200 ou 300 € de plus ? Détrompez-vous. C'est exactement le contraire. Moins vous gagnerez moins vous serez considérée et moins vous serez valorisée. Non seulement vous n'aurez pas la paye que vous méritez mais en plus on vous donnera des travaux moins intéressants. Ce qui vous empêchera de progresser au sein de votre entreprise. *À contrario*, plus vous vous battrez pour une augmentation plus vous aurez un travail intéressant, et plus vous accéderez facilement à d'autres postes mieux rémunérés. Et d'un point de vue purement pratique et en valeur absolue, une augmentation de 3 % généralisée à l'entreprise sera plus importante sur 1 500 € (540 € par an) que sur 1 300 € (468 €).

Autre raison pour laquelle les femmes n'obtiennent pas d'augmentations : elles n'en demandent pas ! Aussi incroyable que cela puisse paraître, c'est la stricte vérité. Les raisons et les alibis pour ne pas demander sont multiples :

- Elles « ont » déjà la réponse de leur employeur avant de lui demander et imaginent toutes les raisons du monde pour lesquelles on leur dira NON. Au lieu de se concentrer sur les raisons pour lesquelles on leur dira OUI.

- Elles se disent que la société est en pleine restructuration et qu'elles ont de la chance d'avoir encore un boulot ici.
- Elles sont trop fières et pensent que c'est aux autres de reconnaître leur valeur. C'est aussi une façon de masquer leur manque de confiance en elles. Si vous avez ce genre de problèmes, rappelez-vous que 100 € par mois d'augmentation non perçus placés à 8 % pendant 10 ans, représentent 18 775 € que vous laisserez dans la poche de votre patron.
- Elles ne veulent pas passer pour des personnes qui ne pensent qu'à obtenir des augmentations, donc de l'argent. Il est évident que c'est mieux de travailler gratuitement.
- Elles ont peur de perdre leur travail en demandant une augmentation.
- Elles ne veulent pas demander de peur d'essuyer un refus qui les mettrait mal à l'aise ou en position d'infériorité.

Etc., etc. Cherchez, écoutez autour de vous. Je suis sûr que vous trouverez un tas d'autres raisons qui empêchent vos amies de demander.

Si ce type de pensées vous traverse régulièrement l'esprit au moment où vous essayez d'obtenir quelque chose, sachez que vous tombez dans l'auto-démotivation qui vous pousse à ne rien demander et laisse votre compte en banque dans le même état. Au final vous faites des concessions qui n'ont pas lieu d'être, tout en développant un état de frustration et de dévalorisation. Surtout lorsque vous voyez d'autres femmes qui n'hésitent pas à demander et obtiennent une paye plus importante.

Encore une fois, je ne peux pas vous garantir que vous aurez une augmentation pour la simple raison que vous la demanderez. En revanche, je peux vous assurer que si vous ne demandez pas, non seulement vous ne saurez pas ce que vous auriez pu avoir, mais vous aurez encore moins de chance de l'obtenir.

N'ayez pas peur de demander et ne pensez pas que vous vous ferez mal voir. Si vous montrez votre motivation, votre énergie et votre détermination, votre employeur saura que vous êtes un élément qui a un réel potentiel pour l'entreprise. Vous accéderez plus facilement à d'autres fonctions mieux rémunérées et obtiendrez une nouvelle augmentation quelques mois plus tard lorsque vous aurez fait vos preuves.

La question qui s'impose ensuite est : combien faut-il demander ? Il m'est impossible de répondre précisément à cette question. En revanche, je peux vous dire que plus vous souhaitez obtenir, plus vous devez demander. Si vous visez 5 % demandez 10 % pour avoir une marge de négociation. Ne rendez pas les armes trop rapidement et bataillez ferme pour avoir 7 %. Si vous baissez les bras trop rapidement, votre employeur verra que vous n'êtes pas réellement motivée. Plus vous serez convaincue, plus vous serez convaincante et plus vous avez de chances de réussir.

Si vous avez vraiment peur d'essuyer un refus et de vous mettre en position défavorable, je vous demande de vous mettre cinq secondes dans la peau de votre employeur en imaginant que l'une de vos employées vient vous voir pour vous demander une augmentation de 100 €.

En tant que chef d'entreprise, vous savez qu'une augmentation de 100 € pour le salarié, coûtera 150 € à l'entreprise car vous devrez payer des charges sur cette augmentation. Si vous craignez que votre collaboratrice s'en aille, vous savez que vous devrez recruter et former une nouvelle personne. Le temps que celle-ci soit opérationnelle, il s'écoulera au moins trois mois. En incluant les charges patronales, le coût du remplacement s'élèvera à 8 100 €. Soit 4,5 années d'augmentation ! Sans comptez le coût d'une annonce et du temps que vous passerez à interviewer les candidates, sans avoir la certitude que vous retrouverez la bonne personne.

Le calcul est vite fait et l'intérêt de votre employeur n'est pas de vous laisser partir, surtout si vous avez su vous rendre indispensable. Sans compter qu'il sait que tôt ou tard on viendra lui demander une augmentation.

Si vous êtes à votre compte et que vous vendez vos services, le raisonnement est strictement identique. Si vos clients sont contents de vous, croyez-vous vraiment qu'ils vous lâcheront si vous augmentez vos prix de 0,5 % par mois ? L'augmentation sera complètement indolore et au bout d'un an vous aurez eu 6 % d'augmentation de votre marge bénéficiaire. C'est ce que font la plupart des commerçants. Pourquoi pas vous ?

Maintenant si votre employeur ne veut rien entendre ou si votre travail ne vous plait pas…

Conseil n° 4 : si votre boulot ne vous plait pas, quittez-le !

Si vous n'arrivez à rien, que vous n'obtenez pas ce que vous souhaitez, que vous pensez être sous-payée, sous-évaluée, sous-appréciée ou si vous servez de bouche trou, peut-être qu'il serait temps d'aller voir ailleurs.

Je peux comprendre que vous trouviez cette solution extrême, mais si vous n'arrivez pas à obtenir d'augmentation d'années en années cela signifie au moins deux choses : 1) on se moque de vous et il n'y a aucune raison pour que cela change puisque l'on cherche surtout à vous exploiter, 2) vous vous appauvrissez puisque le coût de la vie augmente, et surtout vous perdez l'argent que vous ne gagnez pas ailleurs.

Il n'y a rien de valorisant à travailler sans reconnaissance, et moins on fera attention à vous, moins vous aimerez votre travail. Ce qui vous donnera toujours moins de raisons de le faire correctement, et une excuse à votre patron pour ne pas vous augmenter.

Si vous acceptez de ne pas être reconnue, et donc augmentée, c'est que vous acceptez la fatalité en vous trouvant des excuses pour ne pas agir. En fin de compte, vous ne ferez rien d'autre que vous mentir en rationalisant votre inaction pour ne pas retrouver un meilleur travail.

Au final, vous ne trouverez que des mauvaises raisons pour ne rien changer et entrerez dans une spirale démotivante qui vous obligera à faire un travail que vous n'aimez plus, à côtoyer des gens que vous ne supportez plus, à travailler pour une société qui ne vous respecte pas et qui vous fait perdre votre temps et votre énergie.

Croyez-moi, c'est une véritable erreur que de passer sa vie à faire quelque chose que l'on n'aime pas. Je sais que le changement n'est pas toujours facile mais si vous voulez obtenir plus de votre vie, ne vous résignez pas et cherchez quelque chose qui vous convient mieux.

Conseil n° 5 : mettez-vous à votre compte

De plus en plus de femmes deviennent leur propre employeur. Pourquoi pas vous ? En fonction de l'activité choisie, vous pouvez travailler quelques heures par semaine et gagner quelques centaines d'euros ou développer une activité à plein temps pour gagner un salaire complet. Toujours est-il que vous gagnerez souvent plus d'argent en étant à votre compte et améliorerez votre qualité de vie en gérant votre temps en fonction de vos disponibilités et non en fonction votre employeur.

Vous gagnerez souvent plus d'argent en étant à votre compte.

Les possibilités sont multiples. Il suffit de regarder autour de vous pour vous apercevoir des besoins et des manques de notre société. Aujourd'hui, beaucoup de parents ne trouvent pas de crèche. Pourquoi ne pas envisager de garder les enfants des autres ? Si vous maitrisez une autre langue, faites des traductions (ma fille de 20 ans en fait régulièrement en plus de ses études et gagne 250 à 300 € par mois). Mettez votre temps à disposition des personnes qui en manquent et/ou proposez vos services de cuisinière ou d'aide à domicile. Vous verrez que ce n'est pas difficile et que vous en tirerez facilement une rémunération.

Témoignage : « Je suis mère au foyer et j'élève mes deux enfants. Suite à la lecture de *Tout le monde mérite d'être riche* j'ai monté *ma petite entreprise.* Tout a commencé lorsque j'ai vidé mes placards pour vendre sur Ebay tout ce que je n'utilisais plus. J'ai récupéré plus de 2 000 €. J'ai suggéré à ma voisine de faire la même chose. Comme elle n'était pas motivée je lui ai proposé de m'en occuper en échange de 30 % de tout ce que je vendais pour elle. Aujourd'hui, je propose ce service à tout le voisinage. J'ai gagné plus de 12 000 € en 6 mois. » (Marie F.)

Une autre opportunité intéressante est la vente en réseau. Appelée aussi vente directe ou en réunion. Il existe des dizaines d'entreprises prêtes à vous aider et vous former pour vendre leurs produits. L'un des avantages majeurs de cette activité est que vous pouvez vous mettre à votre compte en bénéficiant d'un régime fiscal et social intéressant, moins contraignant que celui qu'entraîne la création d'une entreprise. Avec ce type d'activité, vous pouvez travailler à partir de votre domicile sans perdre votre temps dans les transports pour aller au bureau et adapter vos heures de travail à vos disponibilités. Vous donnant la possibilité de concilier vie familiale avec un travail rémunérateur.

Si cette aventure vous tente, sachez que vos gains seront proportionnels au temps et à l'énergie que vous déploierez. Si vous êtes ambitieuse, vous pouvez gagner plusieurs milliers d'euros. En contrepartie, vous devrez vous investir sérieusement et dépenser plus d'énergie. En tant que mère au foyer, vous n'aurez peut-être que quelques heures à consacrer à cette activité et limiterez vos gains à quelques centaines d'euros par mois. Toujours est-il que si savez utiliser et investir cet argent correctement vous pourrez facilement consolider votre sécurité et votre avenir.

Comment utiliser vos nouveaux revenus ?

Dès que vous gagnerez plus d'argent, une question se présentera à vous. Comment utiliser mes nouveaux revenus ? Si vous souhaitez vous faire plaisir, je suis certain que vous saurez le dépenser. En revanche si vous êtes toujours concentrée sur vos objectifs, alors il serait intéressant d'investir cet argent pour les atteindre le plus rapidement possible. Mais je pense que ce serait une erreur !

« Je ne comprends plus rien. Une fois vous nous dites qu'il faut investir notre argent et maintenant vous nous dîtes que c'est une erreur ! »

Quelles que soient votre bonne volonté et vos motivations, vos efforts doivent être récompensés, car vous ne pourrez pas passer votre vie à seulement capitaliser et épargner. Si vous ne profitez pas de votre argent votre motivation s'émoussera et vous ne tiendrez pas longtemps. Il est donc indispensable que vous vous récompensiez.

Au lieu de tout réinvestir, je vous propose de dépenser la moitié pour vos plaisirs personnels et d'investir l'autre moitié. De cette façon, vous resterez motivée pour aller chercher une autre augmentation ou essayer de gagner plus en sachant que chaque euro gagné vous apportera du plaisir et consolidera votre avenir. D'un autre côté, vous augmenterez plus rapidement la part consacrée à vos investissements puisque ce n'est plus 10 % de votre salaire que vous arriverez à mettre de côté mais au moins 20 à 30 %, et pourquoi pas 40 %.

Vous avez maintenant toutes les cartes en main qui vous permettront d'améliorer votre avenir financier. Vous connaissez les bonnes habitudes qui favorisent le changement, celles qui permettent d'avoir plus de choses dans votre vie et comment gagner plus d'argent, et surtout vous savez où et comment placer votre argent pour qu'il vous rapporte vraiment. Mais il vous reste une dernière chose à faire.

Chapitre 12
VOUS ÊTES RICHE MAIS…

Nous arrivons au terme de ce premier voyage. Car ce livre n'est que le premier pas vers la conquête de votre liberté financière. Le second voyage, et probablement le plus important, commence maintenant en mettant à profit tout ce que vous avez découvert.

Comme vous l'avez constaté, tout ce que nous avons vu ensemble relève d'une gestion simple et pragmatique de vos ressources, accompagnée d'une éducation financière sans laquelle rien n'est possible. Vous connaissez les bonnes habitudes et les comportements qui favorisent l'indépendance financière, mais vous devez être consciente qu'il n'est pas suffisant de comprendre les concepts décrits dans ce livre. Pour qu'ils soient réellement efficaces et qu'ils changent votre vie – et accessoirement l'état de votre compte en banque –, vous devez passer à l'action, car seule l'action produit des résultats et permet d'atteindre ses objectifs pour obtenir ce que l'on souhaite pour soi même.

Vous pourrez relire dix fois ce livre et en connaître la moindre virgule, si vous ne passez pas à l'action il ne changera rien pour vous et resterez toujours au même point. Si vous ne faites rien, si vous n'améliorez pas la façon dont vous utilisez vos ressources alors adieu la sécurité, adieu vos rêves et bonjour la frustration et les regrets.

Vous êtes la seule personne qui peut changer les choses et faire en sorte que votre avenir financier s'améliore. Si vous êtes prête à changer vos habitudes et vos comportements, automatiquement les choses changeront. Vous créerez une autre réalité et vous vous rapprocherez de vos objectifs. Vous noterez également que d'autres choses seront en train de changer dans votre vie. Vous deviendrez plus attentive lors de vos choix personnels ou professionnels afin qu'ils soient en accord avec ce que vous désirez et voulez réellement pour vous. Vous prendrez de l'assurance et de la confiance car vous saurez que vous construisez un avenir pour vous et vos proches.

Je ne peux pas dire que tout sera simple et facile, mais souvent les choses sont moins difficiles qu'elles n'y paraissent. Mais si vous commencez par dire « je ne sais pas si j'y arriverai », c'est que vous êtes déjà en train de chercher des excuses avant de savoir ce dont vous êtes vraiment capable. Et croyez-moi, vous pouvez faire le meilleur. Il suffit juste de le vouloir.

Il est évident que pour certaines les efforts à fournir seront plus importants (ne prenez pas ce prétexte pour une excuse), mais dans tous les cas vous devez être persuadée que rien n'est inéluctable et que vous pouvez vraiment changer les choses et obtenir plus de votre vie. Il vous suffit de passer l'action. Car je peux vous promettre une chose : si vous ne faites rien vous n'aurez rien. Si vous refermez ce livre et que vous continuez d'espérer ou de rêver, il ne se passera rien. Si vous passez encore une semaine à vous poser des questions pour savoir si vous allez faire quelque chose pour vous, il y a peu de chances que vous agissiez. Faites quelque chose qui aille dans le bon sens et votre vie changera dès demain matin. Ne faites rien et vous n'aurez toujours RIEN.

Si vous ne faites rien, vous n'aurez rien !

La première chose à faire c'est de vous payer en premier. Ensuite, définissez vos objectifs de vie et n'hésitez pas à dire ce que vous ne voulez plus vivre ni subir (la dépendance, la contrainte d'un crédit à la consommation...). En fonction de ce que vous aurez défini, vous devrez adopter le comportement adéquat. Pour finir, investissez votre argent pour que ses fruits vous apportent l'indépendance, la liberté, le plaisir de vivre, ou n'importe quelle autre chose qui a de l'importance à vos yeux.

L'argent ne peut pas tout acheter

Il y a une dernière chose très importante : n'oubliez pas que l'argent ne peut pas tout acheter. Je ne parle pas de choses matérielles, mais de votre vie. Même si le bonheur est favorisé et entretenu par la richesse, l'argent ne peut pas être une fin en soi. L'argent peut vous aider à acheter une maison pour vos enfants et subvenir à tous leurs besoins, mais ce qui les rendra vraiment heureux c'est l'amour que vous leur donnerez. Apprenez à vivre avec votre argent, faites-en un allié plutôt qu'un ennemi et il vous apportera le meilleur en améliorant votre vie.

J'ai un petit service à vous demander

Je vous remercie sincèrement de m'avoir accompagné au cours de ces différents chapitres et j'espère que ce livre vous a réellement apporté quelque chose. Si c'est le cas, n'hésitez pas à le recommander à vos amies et à partager avec vos proches tout ce que vous aurez appris. Je serais également très heureux que vous me fassiez part de vos sentiments et je vous invite à témoigner de vos expériences personnelles en vous rendant sur mon site Internet (www.toutlemondemeritedetreriche.com). Vous y découvrirez d'autres témoignages de femmes, et d'hommes, qui ont lu ce livre ainsi que le précédent : *Tout le monde mérite d'être riche.*

À bientôt et surtout, n'oubliez pas de vous payer en premier.

Olivier

Le Plan d'Action Personnalisé
du meilleur coach financier

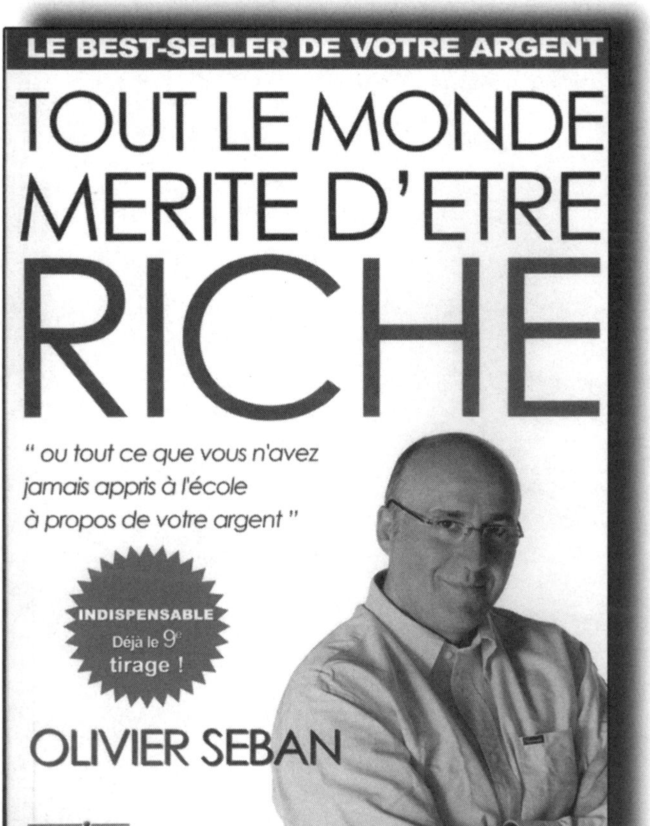

Achevé d'imprimer
sur les presses de la Nouvelle Imprimerie Laballery
58500 Clamecy
Numéro d'impression : 806222

Imprimé en France

La Nouvelle Imprimerie Laballery est titulaire du label Imprim'Vert®